Lanzetta, Kaeppel • Erfolgreich mit Optionen

Gennaro Lanzetta

Erfolgreich mit Optionen

option

incl. Sonderband:

Die vier größten Fehler beim Handel mit Optionen

von Jay Kaeppel

FinanzBuch Verlag München

Die Deutsche Bibliothek – CIP-Einheitsaufnahme
Ein Titeldatensatz für diese Publikation ist bei
der Deutschen Bibliothek erhältlich

E-MAIL: LANZETTA@FINANZVERLAG.COM

Gesamtbearbeitung: Michael Volk, München
Druck: Wiener Verlag GmbH, Himberg bei Wien
Umschlaggestaltung: Julia Grunow

LANDSHUTER ALLEE 61 • 80637 MÜNCHEN
TEL.: 089/65 12 85-0 • FAX: 089/65 20 96

ISBN 3-932114-46-9

Inhaltverzeichnis

Anhang

Vorwort

Optionen sind in aller Munde. Derivative Finanzinstrumente sind in den letzten Jahren sehr populär geworden. Dank der fortgeschrittenen Informationstechnologien hat heute jeder und jede Zugriff auf die elektronischen Börsen der Welt und kann über das Internet Börsenaufträge vom Schreibtisch aus leicht ausführen. Bevor man sich im Markt und insbesondere im Optionenmarkt engagiert, ist es ratsam, sich über die Bedeutung und Funktionsweise von Optionen zu informieren. Der Schlüssel zum Erfolg beim Traden mit Optionen liegt meistens in der Genauigkeit der Einschätzung der zukünftigen Marktbewegungen. Dazu braucht es aber fundiertes Wissen und eine ganze Menge Erfahrung.

Dieses Buch steht Ihnen bei Theorie und Praxis mit Rat zur Seite. Es bietet einen kurzen und prägnanten Einblick in die Welt der Optionen und macht Sie auf Chancen sowie auf Risiken beim Handel mit Optionen aufmerksam. Zuerst erfahren Sie alles Wissenswerte über Optionen und lernen die raffiniertesten Optionsstrategien kennen. Danach decken sie die vier größten Fehler im Handel mit Optionen auf und lernen, warum diese entstehen, warum sie langfristig zu Verluste führen und wie sie geschickt vermieden werden können. Das umfangreiche Glossar des Optionenjargons bietet schnellen Zugriff auf Begriffe und Fachwörter. Verschaffen Sie sich Klarheit in der faszinierenden Welt der Optionen!

Mein Motto ist bestechend einfach:

YoU alWayS win, if yOU PuT ThE rigHt strAtEGy To wOrk.

Ich hoffe, dass die interessierten Leserinnen und Leser mit diesem Buch ein Instrument in die Hand bekommen, mit dem sie entscheidende Schritte zu einem wesentlich professionelleren und profitableren Trader machen können.

Gennaro Lanzetta
Zürich, im Juni 2000

1 Einleitung

Geschichtliches

Derivate gibt es schon seit langem. Historiker datieren ihre erste Verwendung zurück in die babylonische Zeit, wo Preise für Getreide von Käufern garantiert wurden.

Aristoteles berichtet vom Philosophen, Mathematiker und Astronomen Thales von Milet und seinem genialen Finanzinstrument. Thales war verachtet für seine Armut, die unmittelbar zeigen sollte, dass Philosophie von keinem Nutzen war. Gemäß der Geschichte hatte Thales durch sein Geschick in den Sternen eine große Olivenernte für den nächsten Frühling vorhergesehen, während es immer noch Winter war. Mit seinem wenigen Geld erwarb er alle Olivenpressen in Chios und Milet zu billigen Preisen, da niemand ihn zu überbieten gewillt war. Dann kam die Erntezeit und plötzlich wollten alle eine Olivenpresse. Er verkaufte sie bei jedem Preis, den ihm beliebte, und machte ein Menge Geld. Thales bewies damit der Welt, dass Philosophen leicht reich werden können, wenn sie wollen. Auch Römer und Phönizier sollen optionsähnliche Verträge auf ihre Schiffsfrachten abgeschlossen haben.

Im 17. Jahrhundert kauften Tulpenzüchter in den Niederlanden Put-Optionen auf ihre Ernte, um sich gegen sinkende Tulpenpreise zu schützen. Die Verkäufer der Optionen spekulierten auf steigende Tulpenpreise. Stiegen die Preise tatsächlich an, verkauften die Bauern ihre Tulpen auf dem Markt, da die Gewinne größer waren, als wenn sie die Optionen ausübten. Die Spekulanten verdienten dabei den Preis der verkauften Optionen. Bei sinkenden Tulpenpreisen wurden die Put-Optionen ausgeübt, so dass die Spekulanten die Tulpen zu einem Preis kaufen mussten, den sie beim Verkauf auf dem Markt nicht mehr erhielten. Damals wurden von den Spekulanten keine Sicherheiten verlangt, so dass viele von ihnen bei sinkenden Preisen ihren Verpflichtungen nicht nachkommen konnten und so den Markt für Tulpen-Optionen und die niederländische Wirtschaft in eine tiefe Schuldenkrise stürzten.

Heute gehören Optionen zusammen mit anderen Kontrakten wie Forwards, Futures und Swaps zu den derivativen Finanzinstrumenten. Es gibt eine Myriade von verschiedenen Derivaten und neue Formen werden ständig vorgeschlagen. Derivate haben sich auf allen Märkten, nämlich auf Rohstoff-, Devisen, Obligationen- und Aktienmärkten, als unverzichtbare Finanzinstrumente etabliert und sind treibende Kraft im Entstehungsprozess des globalen Kapitalmarktes.

Seit dem Zusammenbruch des Bretton-Woods-Systems im Jahre 1971 und dem Übergang zu flexiblen Wechselkursen ist die Variabilität der Preise von vielen Gütern augenmerklich angestiegen. Rohstoffpreise sind auch volatiler geworden, nachdem sie während Jahrzehnten relativ konstant geblieben waren. Die flexible Gestaltung der Wechselkurse hat eine neue Art von Akteuren auf den damals noch eher national orientierten Finanzmärkten aufkommen lassen; sogenannte Arbitrageure, die vorhandene Kursdifferenzen zwischen gleichen Kontrakten auf verschiedenen Märkten auszunutzen wissen. Der Aktionsradius dieser vornehmlich auf den Devisenmärkten tätigen Arbitrageure erweiterte sich bald auf die wichtigsten Finanzplätze der Welt. Die Globalisierung der Finanzmärkte hatte damit begonnen.

Der große Durchbruch von Optionen begann mit der Aufnahme des Handels von standardisierten Call-Optionen an der Chicago Board Options Exchange (CBOE) im Jahre 1973. Die Märkte für diese neuen Finanzinstrumente entwickelten sich in den 80er Jahren explosionsartig.

Entstehung von Optionenmärkten

Für das Entstehen und das Wachstum von Optionenmärkten können vier Gründe genannt werden:

- Steigende Volatilität der Preise von Gütern
- Zunehmende Internationalisierung der Finanzmärkte
- Trend zur Verbriefung von Transaktionen zur Senkung der Suchkosten
- Fortschritt der Informationstechnologie

Die zunehmende Internationalisierung und Interdependenz der Finanzmärkte hat das Bedürfnis hervorgebracht nach neuen Finanzinstrumenten zur Absicherung von Preis-,

Währungs-, Zins- und anderen Risiken. Die Bedeutung eines gezielten Risikomanagements wird immer wichtiger, je stärker die jeweiligen Finanzmärkte interagieren.

Der Trend zur Verbriefung von Finanztransaktionen in Form von Wertschriften hat auch zur Entstehung von Optionenmärkten beigetragen. Die Standardisierung von derivativen Finanzinstrumenten ermöglicht den organisierten Handel an einer Börse und senkt die Such- und Transaktionskosten.

Die Fortschritte der Informationstechnologie haben erst die administrative Verarbeitung des anfallenden Volumens an Transaktionen und gleichzeitig einen beschleunigten Informationsaustausch ermöglicht. Die weltweite Vernetzung von elektronischen Börsen- und Informationssystemen erlauben den Handel des gleichen Kontraktes an verschiedenen Börsenplätzen rund um die Uhr.

Funktionen und Verwendung von Optionen

Grundsätzlich werden Optionen zur gezielten Veränderung der Rendite- und Risikocharakteristiken von Portefeuilles eingesetzt. Die Option hat hierbei den Charakter einer Versicherung. Aktienpositionen werden zum Besipiel durch den Kauf von Put-Optionen gegen Kurseinbrüche abgesichert.

Optionen eignen sich aber auch sehr gut für die Spekulation auf Preise von Aktien und Indices. Mit einem betragsmässig kleinen Kapitaleinsatz kann dank des Hebeleffekts der Optionen vom Auf- oder Abwärtstrend der Kurse überproportional profitiert werden.

Schliesslich kann der Investor durch die geschickte Kombination von Optionen Payoff-Strukturen errichten, um auf Markttrends zu reagieren, und sowohl von einem Anstieg als auch von einem Rückgang der Kurse profitieren.

Wirtschaftliche Bedeutung von Optionen

Der Handel von Optionen erhöht die Liquidität an den Finanzmärkten. In den zugrundeliegenden Basismärkten sorgen insbesondere Arbitrageure durch die derivativen Finanzinstrumente für eine hohe Liquidität.

Finanzmärkte haben die wichtige Funktion der Senkung der mit wirtschaftlichen Investitionen verbundenen Kosten. Die Transaktionskosten für eine Beteiligung an einem Unternehmen gegenüber einer Direktinvestition sind dank den Aktienmärkten tiefer. Die Kosten einer Optionstransaktion sind durch den geringeren Kapitaleinsatz noch einmal tiefer als am Aktienmarkt. Es ergibt sich eine zusätzliche Senkung der Kapitalkosten, was sich wiederum positiv auf die Investitiontätigkeit auswirkt.

2

Allgemeines über Optionen

Die Option ist ein rechtlich verbindlicher Kontrakt, welcher dem Halter das Recht zum Kauf oder zum Verkauf eines Gutes oder Wertpapieres gibt (Basiswert) bei einem vordefinierten Ausübungspreis. Der Schreiber einer Option hat die Pflicht, den Optionskontrakt zu erfüllen, also die Güter oder Wertpapiere zum vordefinierten Ausübungspreis zu liefern oder zu kaufen, wenn der Halter die Option ausübt. Als Gegenleistung erhält der Schreiber vom Käufer eine Prämie.

Bei einer european-style Option können die Rechte nur an einem bestimmten Datum geltend gemacht werden, nämlich am Ende der Laufzeit. Als Gegenstück dazu dient die american-style Option, bei der der Halter während der Laufzeit die Option ausüben kann.

Die Option ist in-the-money, wenn der Kurs des Basiswertes, im Falle einer Kaufoption (Call) sich oberhalb des

Ausübungspreises befindet, oder im Falle einer Verkaufoption (Put) sich unterhalb des Ausübungspreises befindet. Umgekehrt ist die Option out-of-the-money, wenn der Kurs des Basiswertes, im Falle einer Kaufoption (Call) unterhalb des Ausübungspreises liegt, oder im Falle einer Verkaufoption (Put) oberhalb des Ausübungspreises liegt. At-the-money ist eine Option, wenn der Basiswert den Ausübungspreis erreicht.

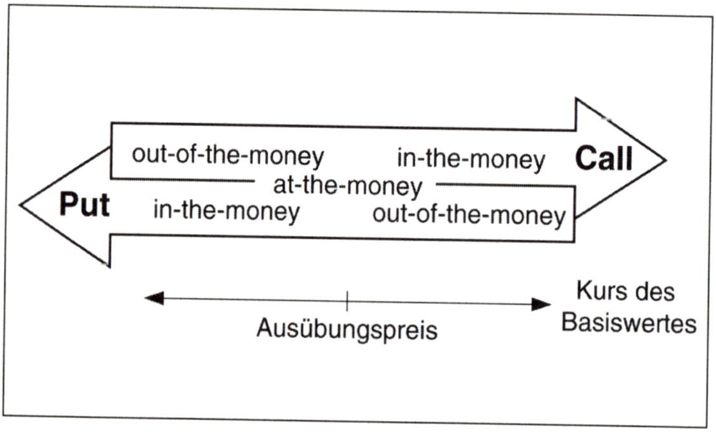

Abbildung 2.1: In-, out-of- und at-the-money

Die Laufzeit einer Option bestimmt die Gültigkeitsdauer des Optionenkontrakts und endet am Verfallstag

Der Wert einer Option setzt sich zusammen aus einem inneren Wert und einem Zeitwert. Der innere Wert ist der Betrag, um welcher eine in-the-money-Option oberhalb (Call) oder unterhalb (Put) des Ausübungspreises liegt. Der innere Wert ist immer positiv oder null. Der Zeitwert ist der Betrag, den ein Optionenkäufer bereit ist, im Voraus zu bezahlen, in Anbetracht der Möglichkeit einer zukünftigen Änderung des Basiswertes und damit einer Zunahme

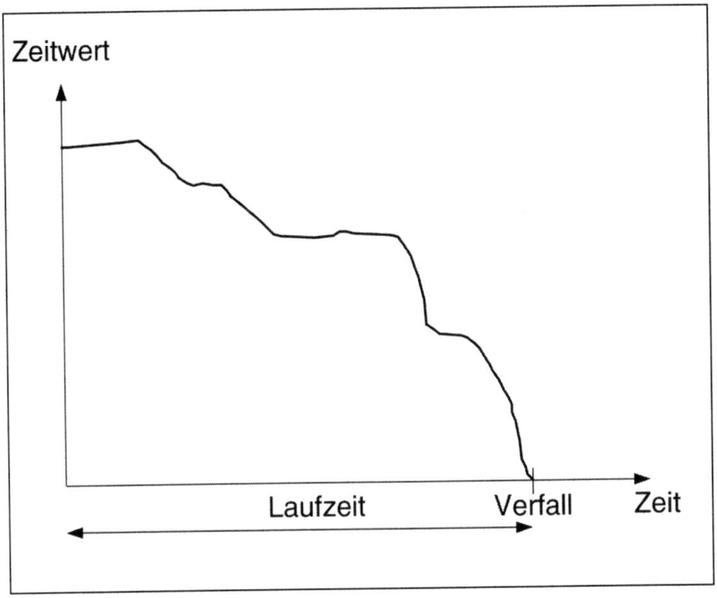

Abbildung 2.2: Zeitwertverfall einer Option

des Wertes der Option. Der Zeitwert nimmt mit der Zeit ab und ist am Ende der Laufzeit der Option null.

2.1 Call

Der Call ist ein Optionskontrakt, der dem Käufer das Recht gibt, aber nicht die Pflicht auferlegt, an oder bis zu einem bestimmten Datum eine bestimmte Anzahl der zugrundeliegenden Basiswerte zu einem im Voraus bestimmten Ausübungspreis zu kaufen. Der Verkäufer (Schreiber, Stillhalter) der Option verpflichtet sich, den Basiswert zum Ausübungspreis zu liefern (physische Lieferung), oder die Differenz zwischen dem Bewertungskurs des Basiswertes und dem Ausübungspreis zu zahlen (Barausgleich).

	Käufer **Long Call**	**Verkäufer** **Short Call**
Rechte	Bezug des Basiswertes zum Ausübungspreis	Anspruch auf den Optionspreis
Pflichten	Zahlung des Optionspreises	Lieferung des Basiswertes zum Ausübungspreis

Tabelle 2.1: Rechte und Pflichten beim Call

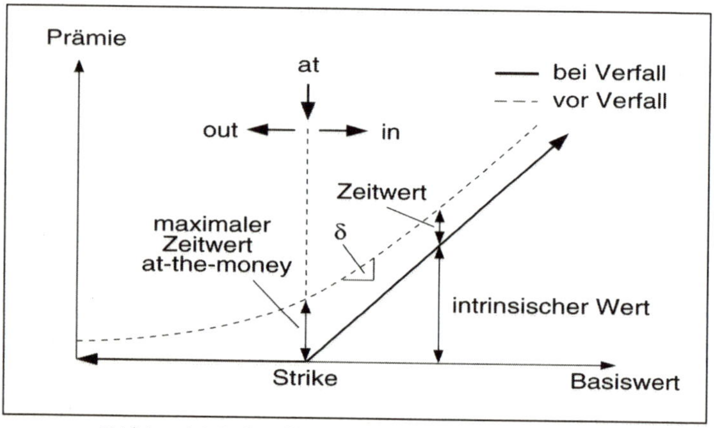

Abbildung 2.3: Preisprofil einer Call Option gegenüber Basiswert

2.2 Put

Der Put ist ein Optionskontrakt, der dem Käufer das Recht gibt, aber nicht die Pflicht auferlegt, an oder bis zu einem bestimmten Datum eine bestimmte Anzahl der zugrundeliegenden Basiswerte zu einem im Voraus bestimmten Ausübungspreis zu verkaufen. Der Verkäufer (Schreiber, Stillhalter) der Option verpflichtet sich, den Basiswert zum Ausübungspreis zu übernehmen (physische Lieferung), oder die Differenz zwischen dem Bewertungskurs des Basiswertes und dem Ausübungspreis zu zahlen (Barausgleich).

	Käufer Long Put	**Verkäufer Short Put**
Rechte	Lieferung des Basiswertes zum Ausübungspreis	Anspruch auf den Optionspreis
Pflichten	Zahlung des Optionspreises	Kauf des Basiswertes zum Ausübungspreis

Tabelle 2.2: Rechte und Pflichten beim Put

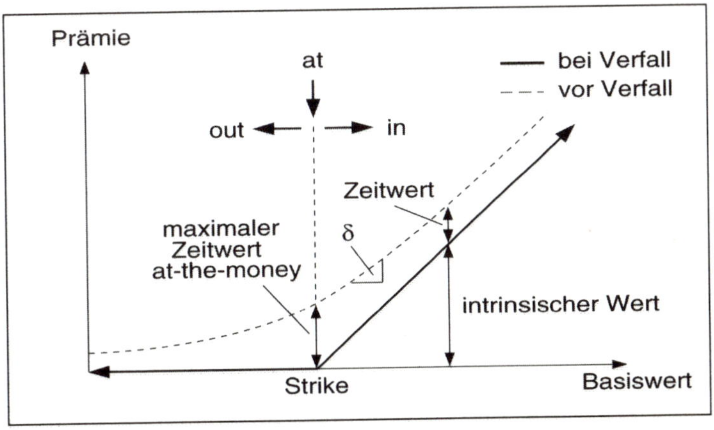

Abbildung 2.4: Preisprofil einer Put Option gegenüber Basiswert

2.3 Das Black-Scholes-Modell

Der faire Preis einer Option lässt sich mit Hilfe von theoretischen Modellen berechnen. Das bekannteste und am weitesten verbreitete Modell ist das von den Professoren Fischer Black und Myron Scholes im Jahre 1973 entwickelte Black-Scholes-Modell. Inzwischen sind im Zuge der Fortentwicklung der Optionsmärkte eine ganze Reihe von neuen Ansätzen zur Bestimmung der fairen Optionspreise entstanden (Binomialmodell, Cox-Rubinstein).

Das Modell berücksichtigt folgende sechs Einflussfaktoren

- ..Kurs des Basiswertes
- ..Volatilität
- ..Ausübungspreis
- ..Laufzeit der Option
- ..Dividende
- ..Zinsniveau

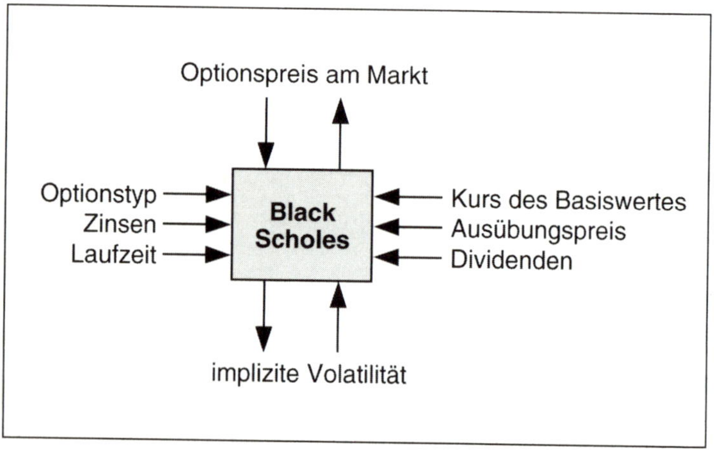

Abbildung 2.5: Das Black-Scholes-Modell

Da im Gegensatz zu anderen Bestimmungsfaktoren die Volatilität nicht direkt bekannt oder am Markt wahrnehmbar ist, kann das Modell auch für die Berechnung der Volatilität verwendet werden, indem der Optionspreis als bekannt angenommen wird.

Der Anwendung von Optionspreismodellen sind in der täglichen Praxis Grenzen gesetzt. Die größten Schwächen liegen darin, dass die an den Finanzmärkten herrschenden Stimmungswechsel, die Meinungen der Anleger, plötzlich auftauchende Berichte oder auch Gerüchte nicht oder nur unzureichend mit einbezogen werden. Diese weichen Faktoren lassen sich eben nicht in mathematische Formeln fassen.

2.4 Die Griechen

Bei der Beurteilung der mit Optionen eingegangen Risiken werden oft Gewinn/Verlust-Diagramme herangezogen. Die tatsächliche Risikosituation wird allerdings damit nur unvollständig beschrieben. Einerseits werden die Gewinne bzw. Verluste nur im Zusammenhang mit dem Kurs des zugrundeliegenden Basiswertes betrachtet. Andererseits beschränkt man sich auf die Situation am Verfallstag der Option. Eine Optionsposition wird in der Praxis oft nicht bis zum Verfallsdatum gehalten. In der Zwischenzeit beeinflussen andere Faktoren wie Schwankungen des Basiswertes, die Volatilität, die Restlaufzeit, die Zinsen und Dividenden den Wert einer Option ganz entscheidend.

Das Black-Scholes-Modell liefert die Sensitivitäten der Optionen gegenüber den oben genannten Faktoren. Die statistischen Maße Delta, Gamma, Vega, Theta und Rho werden auch Griechen genannt.

Delta

Delta ist ein Maß für die Änderung des Optionspreises bei einer Änderung des Basiswertes um eine Einheit. Delta ist in Geld gemessen oder wird interpretiert als die Wahrscheinlichkeit, mit der die Option bei Verfall in-the-money sein wird. Letzterem entsprechend bewegt sich Delta zwischen 0 und 1 oder 0 und 100. Delta wird mittels Optionspreismodellen und Annahmen bezüglich der Volatilität festgelegt und wird beeinflusst von Änderungen der Volatilität (Vega), Zeit bis zum Verfall (Theta) und Zinsänderungen (Rho).

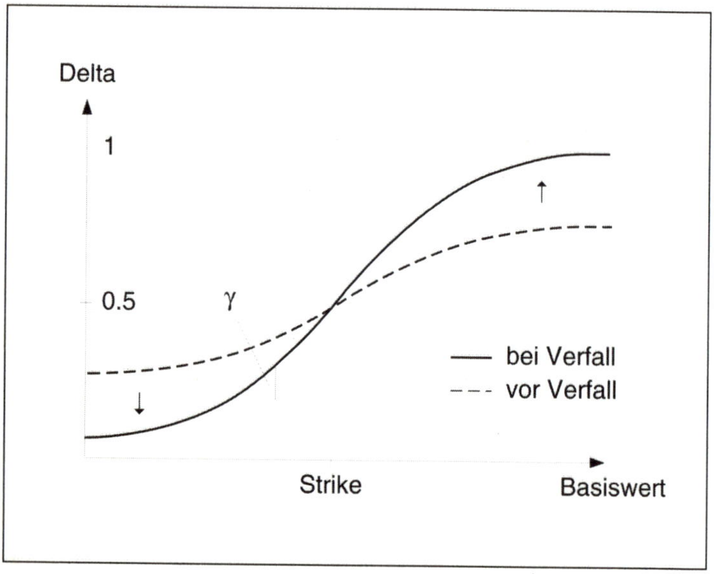

Abbildung 2.6: Delta eines Call gegenüber Basiswert

Gamma

Gamma ist ein Maß für die Änderung von Delta bei einer Änderung des Basiswertes um eine Einheit. Es ist immer am größten für at-the-money-Optionen und nimmt ab, je weiter sich der Basiswert vom Ausübungspreis entfernt. Gamma ist größer für Optionen mit kurzer Laufzeit und kleiner für Optionen mit langer Laufzeit. Führt ein Steigen der Kurse zu einem größeren Delta (oder ein Abfall der Kurse zu einem kleineren Delta) spricht man von einer Position mit positivem Gamma.

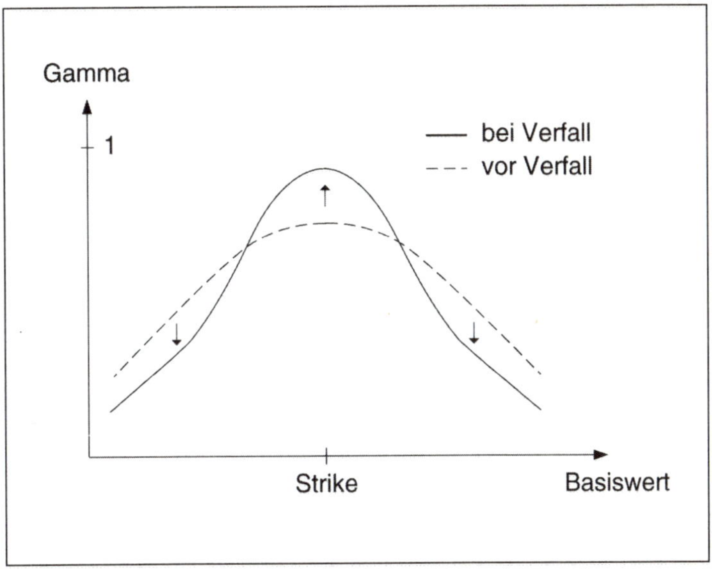

Abbildung 2.7: Gamma eines Call gegenüber Basiswert

Vega

Vega ist ein Maß für die Änderung des theoretischen Optionspreises bezüglich Änderungen in der Volatilität des Basiswertes. Vega ist üblicherweise in Prozenten angegeben. Vega ist maximal, wenn die Option at-the-money ist, und nimmt ab, je weiter sich der Basiswert vom Ausübungspreis entfernt. Optionen näher bei Verfall haben ein kleineres Vega als solche mit längerer Laufzeit. Positionen mit positivem Vega werden im Allgemeinen mit positivem Gamma und positivem Theta assoziiert.

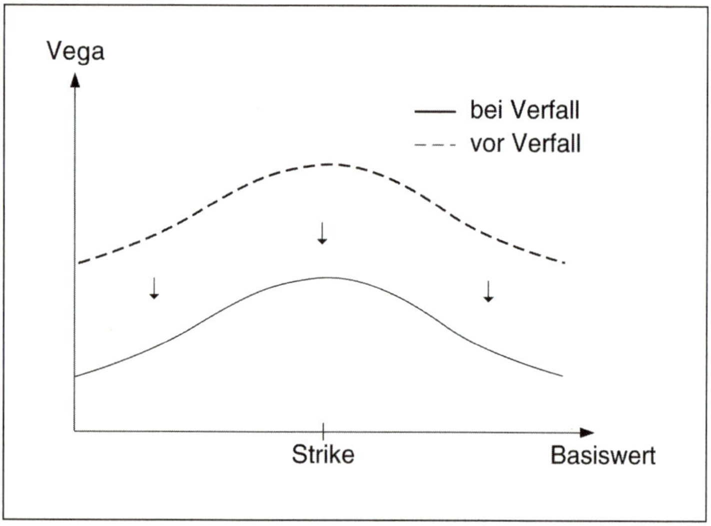

Abbildung 2.8: Vega gegenüber Basiswert

Theta

Theta ist ein Maß für die Änderung des theoretischen Preises einer Option bezüglich der Änderung ihrer Laufzeit. Theta ist entweder in Geld pro Tag oder in Prozent des Optionspreises angegeben. Theta weist eine nichtlineare Kennlinie auf und ist größer je näher die Option am Verfallstag ist. Je weiter der Kurs des Basiswertes vom Ausübungspreis, desto kleiner der Einfluss von Theta auf den Optionspreis. Negatives Theta ist im Allgemeinen assoziiert mit negativem Gamma und umgekehrt.

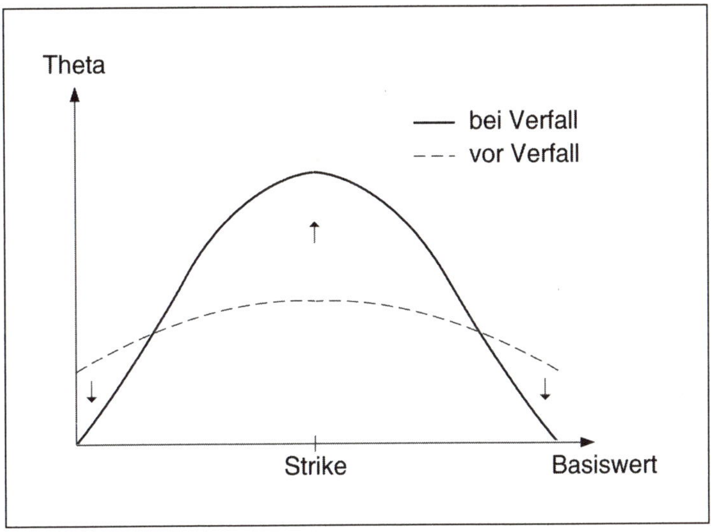

Abbildung 2.9: Theta eines Call gegenüber Basiswert

Rho

Rho ist ein Maß für die Sensitivität von Optionen bezüglich Zinssätzen. Der Besitzer von Basiswerten sieht sich mit Kapitalkosten konfrontiert, die proportional mit dem Marktzinssatz verlaufen. Ein hoher Zinssatz für festverzinsliche kurzfristige Investitionen bedeutet ein hoher Preis für Calls und ein entsprechend tiefer Preis für Puts.

3

Kombinationen von Optionen

Mit Optionen lassen sich die Rendite- und Risikocharakteristiken von Portefeuilles gezielt verändern. Der Investor kann seine Aktienpositionen durch sogenanntes Hedging zum Beispiel gegen Kursstürze absichern. Optionen eignen sich aber auch sehr gut für die Spekulation auf Preise von Aktien und Indices. Mit relativ geringem Kapitaleinsatz kann sich der Investor an größeren Beständen beteiligen.

Je nach Marktlage und persönlicher Markteinschätzung kann der Investor sich eine Strategie aus der Kombination von verschiedenen Optionen zusammenstellen. Es können Payoff-Strukturen aufgebaut werden, die sowohl bei steigenden als auch bei sinkenden Kursen zu einem Profit führen. Der Schlüssel zum Erfolg liegt meistens in der Genauigkeit der Einschätzung der Marktbewegungen.

Folgende Kombinationen werden besprochen:

- Straddle
- Strangle
- Bull Spread
- Bear Spread

3.1 Straddle

Bei einem gleichzeitigen Kauf oder Verkauf einer Anzahl Calls und der gleichen Anzahl Puts des gleichen Basiswertes mit dem gleichen Ausübungspreis spricht man von einem Straddle. Die Verfallsdaten der Calls und der Puts können, aber müssen nicht übereinstimmen.

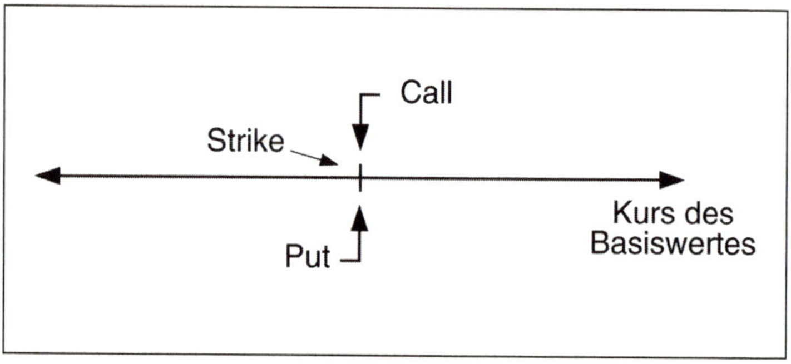

Abbildung 3.1: Straddle

Long Straddle

Ein Long Straddle ist ein gleichzeitiger Kauf einer Anzahl Calls (Long Calls) und der gleichen Anzahl Puts (Long Puts) des gleichen Basiswertes mit identischen Ausübungspreisen. Die Verfallstermine der Calls und der Puts können, aber müssen nicht übereinstimmen.

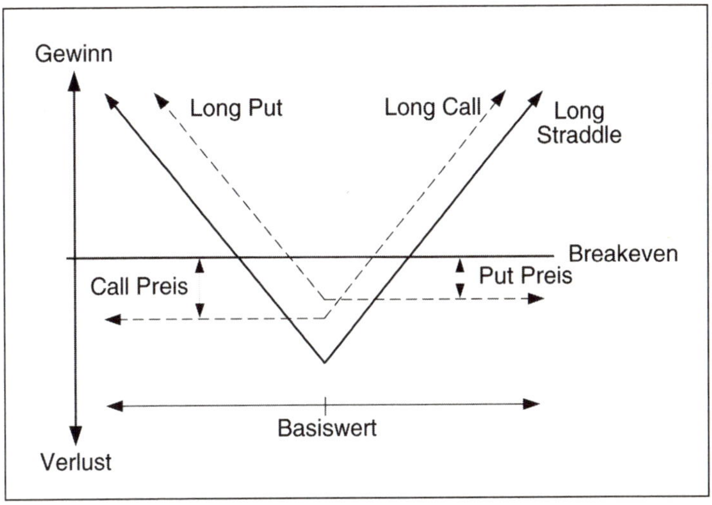

Abbildung 3.2: Long Straddle

Der Käufer glaubt an eine starke Kursschwankung (bullish oder bearish). Je nach Ausschlag des Basiswertes liegen die Calls oder die Puts in der Gewinnzone. Bei voraussichtlich stagnierenden Kursen ist ein Long Straddle unvorteilhaft.

Short Straddle

Ein Short Straddle ist ein gleichzeitiger Verkauf einer Anzahl Calls (Short Calls) und der gleichen Anzahl Puts (Short Puts) des gleichen Basiswertes mit identischen Ausübungspreisen. Die Verfallstermine der Calls und der Puts können, aber müssen nicht übereinstimmen.

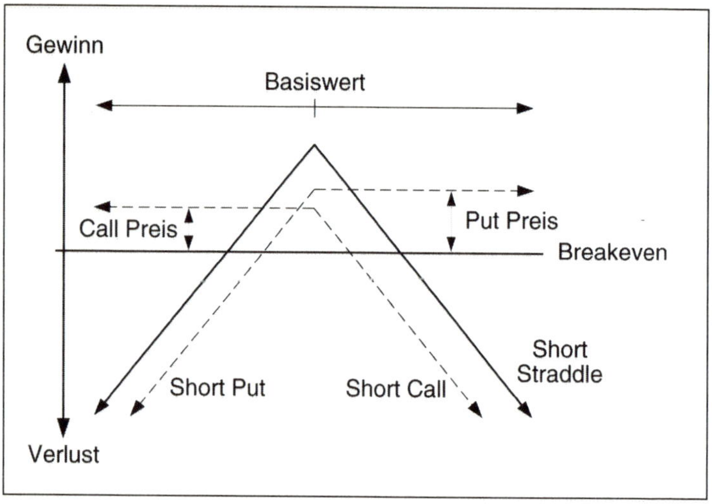

Abbildung 3.3: Short Straddle

Der Verkäufer glaubt an relativ stabile Kurse (weder bullish noch bearish). Beim Verkauf kassiert der Verkäufer den Optionspreis. Halten sich die Kursschwankungen bis zum Verfallstag tatsächlich in Grenzen, befindet sich der Käufer in der Gewinnzone. Andernfalls ist es seine Pflicht, die Differenz zwischen Bewertungskurs und Ausübungspreis zu zahlen.

3.2 Strangle

Bei einem gleichzeitigen Kauf oder Verkauf einer Anzahl Calls und der gleichen Anzahl Puts des gleichen Basiswertes mit verschiedenen Ausübungspreisen spricht man von einem Strangle. Die Verfallstermine der Calls und der Puts können, aber müssen nicht übereinstimmen.

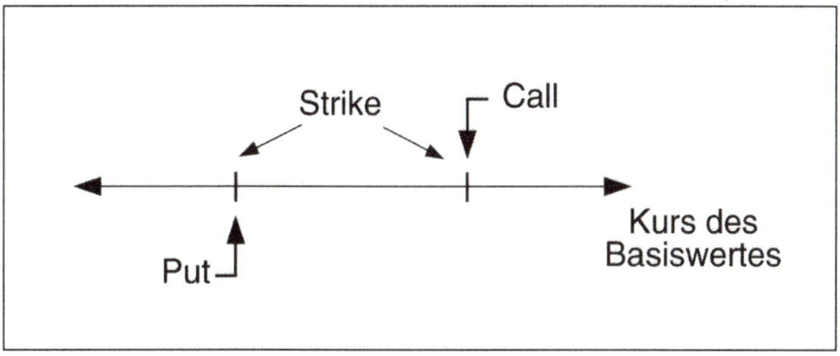

Abbildung 3.4: Strangle

Long Strangle

Ein Long Strangle ist ein gleichzeitiger Kauf einer Anzahl Calls (Long Calls) und der gleichen Anzahl Puts (Long Puts) des gleichen Basiswertes mit verschiedenen Ausübungspreisen. Die Verfallstermine können gleich oder unterschiedlich sein.

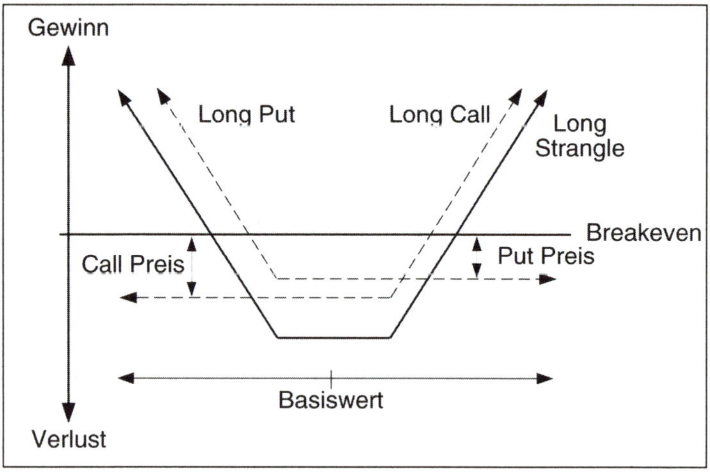

Abbildung 3.5: Long Strangle

Der Käufer glaubt an eine starke Kursschwankung (bullish oder bearish). Je nach Ausschlag des Basiswertes liegen die Calls oder die Puts in der Gewinnzone. Bei voraussichtlich stabilen Kursen ist ein Long Strangle unvorteilhaft.

Das Risiko ist hier aufgrund der unterschiedlichen Ausübungspreise und geringerem Kapitaleinsatz gegenüber einem Long Straddle kleiner. Damit sich der Käufer in der Gewinnzone befindet, muss dafür der Basiswert etwas stärker schwanken als bei einem Long Straddle.

Short Strangle

Ein Short Strangle ist ein gleichzeitiger Verkauf einer Anzahl Calls (Short Calls) und der gleichen Anzahl Puts (Short Puts) des gleichen Basiswertes mit verschiedenen Ausübungspreisen. Die Verfallstermine können gleich oder unterschiedlich sein.

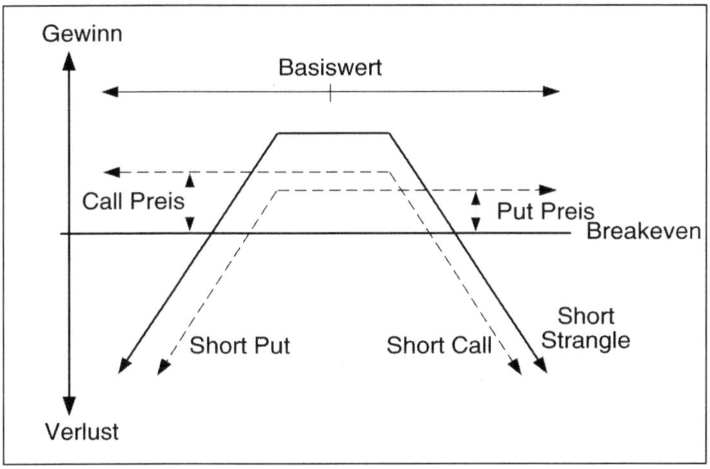

Abbildung 3.6: Short Strangle

Der Verkäufer glaubt an relativ stagnierende Kurse (weder bullish noch bearish). Beim Verkauf kassiert der Verkäufer den Optionspreis. Halten sich die Kursschwankungen bis zum Verfallstag tatsächlich in Grenzen, befindet sich der Verkäufer in der Gewinnzone. Andernfalls ist es seine Pflicht, die Differenz zwischen Bewertungskurs und Ausübungspreis zu zahlen.

Das Risiko ist gegenüber einem Short Straddle hier geringer. Die möglichen Gewinne sind dementsprechend auch kleiner.

3.3 Bull Spread

Ein Bull Spread zeichnet sich aus durch einen gleichzeitigen Kauf und Verkauf von Optionen des gleichen Basiswertes mit verschiedenen Ausübungspreisen und mit gleichen oder verschiedenen Verfallsdaten.

Der Anleger erwartet steigende Kurse (bullish), er ist sich aber über seine Markteinschätzung nicht wirklich sicher. Gewinn und Verlust sind bei dieser Kombination nach oben bzw. nach unten beschränkt.

Bull Call Spread

Ein Bull Call Spread ist ein gleichzeitiger Kauf und Verkauf von Calls des gleichen Basiswertes mit verschiedenen Ausübungspreisen und mit gleichen oder verschiedenen Verfallsdaten.

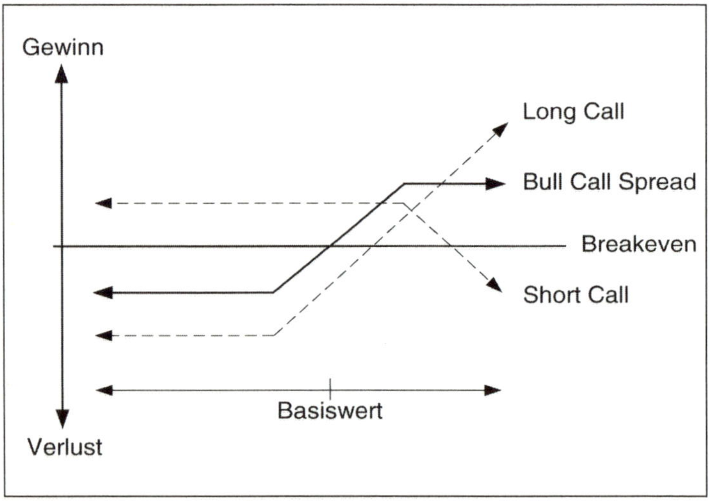

Abbildung 3.7: Bull Call Spread

In der Regel besteht ein Bull Call Spread aus dem Kauf eines in-the-money oder at-the-money Call (Long Call) und gleichzeitigem Verkauf eines out-of-the-money Call (Short Call). Die Calls können einzeln und voneinander unabhängig ausgeübt werden.

Bull Put Spread

Ein Bull Put Spread ist ein gleichzeitiger Kauf und Verkauf von Puts des gleichen Basiswertes mit verschiedenen Ausübungspreisen und mit gleichen oder verschiedenen Verfallsdaten.

In der Regel besteht ein Bull Put Spread aus dem Kauf eines in-the-money oder at-the-money Put (Long Put) und dem gleichzeitigen Verkauf eines out-of-the-money Put (Short Put). Die Puts können einzeln und voneinander unabhängig ausgeübt werden.

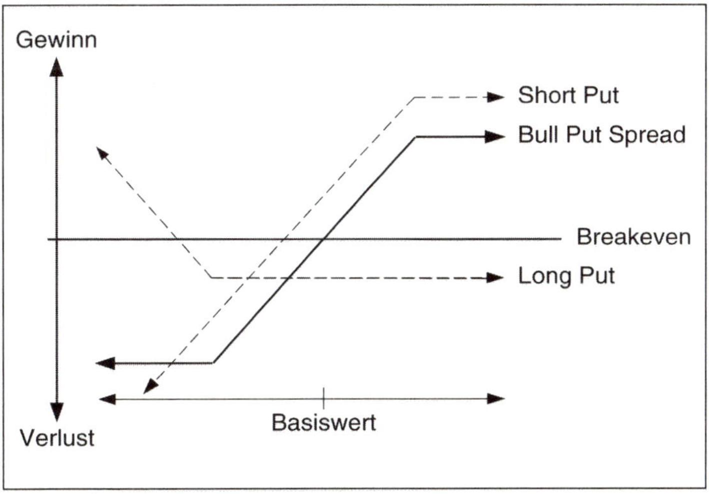

Abbildung 3.8: Bull Put Spread

3.4 Bear Spread

Ein Bear Spread zeichnet sich aus durch einen gleichzeitigen Kauf und Verkauf von Optionen des gleichen Basiswertes mit verschiedenen Ausübungspreisen und mit gleichen oder verschiedenen Verfallsdaten.

Der Anleger erwartet fallende Kurse (bearish), er ist sich aber über die Marktentwicklung nicht wirklich sicher. Gewinn und Verlust sind bei dieser Kombination nach oben bzw. nach unten beschränkt.

Bear Call Spread

Ein Bear Call Spread ist ein gleichzeitiger Kauf und Verkauf von Calls des gleichen Basiswertes mit verschiedenen Ausübungspreisen und mit gleichen oder verschiedenen Verfallsdaten.

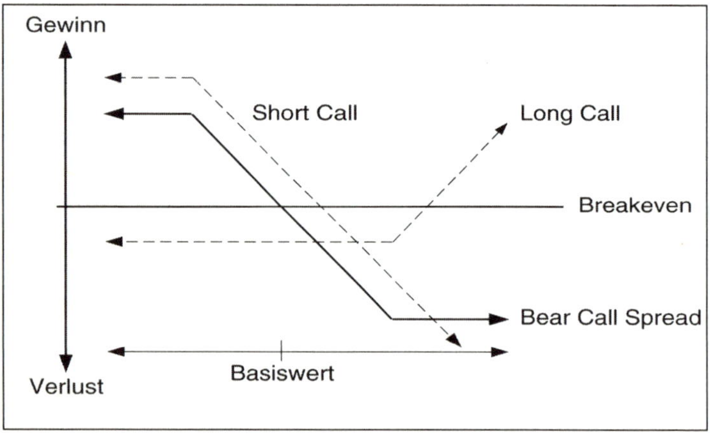

Abbildung 3.9: Bear Call Spread

In der Regel besteht ein Bear Call Spread aus dem Verkauf eines in-the-money oder at-the-money Call (Short Call) und gleichzeitiger Kauf eines out-of-the-money Call (Long Call).

Die Calls können einzeln und voneinander unabhängig ausgeübt werden.

Bear Put Spread

Ein Bear Put Spread ist ein gleichzeitiger Kauf und Verkauf von Puts des gleichen Basiswertes mit verschiedenen Ausübungspreisen und mit gleichen oder verschiedenen Verfallsdaten.

In der Regel besteht ein Bear Put Spread aus dem Kauf eines in-the-money oder at-the-money Put (Long Put) und gleichzeitiger Verkauf eines out-of-the-money Put (Short Put). Die Puts können einzeln und voneinander unabhängig ausgeübt werden.

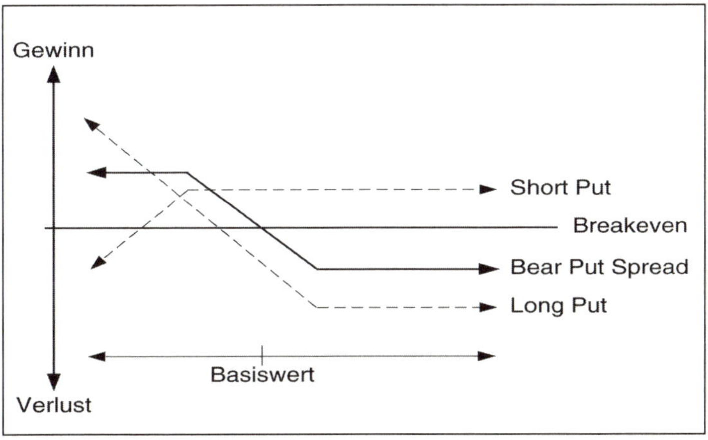

Abbildung 3.10: Bear Put Spread

3.5 Zusammenfassung der Kombinationen

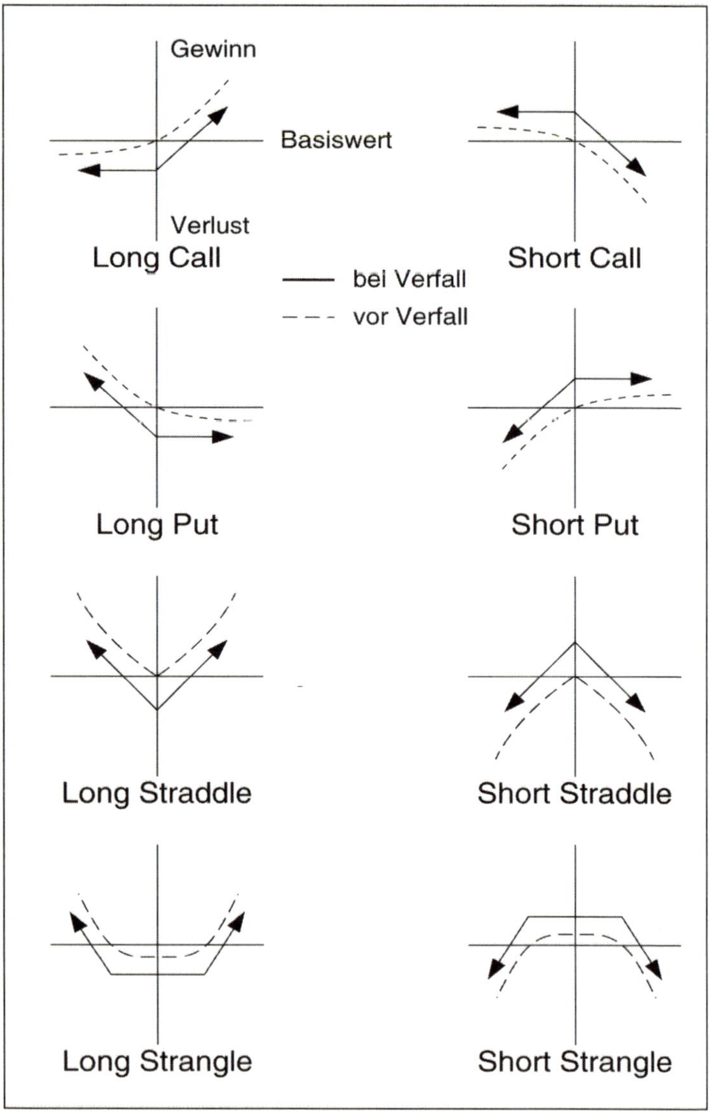

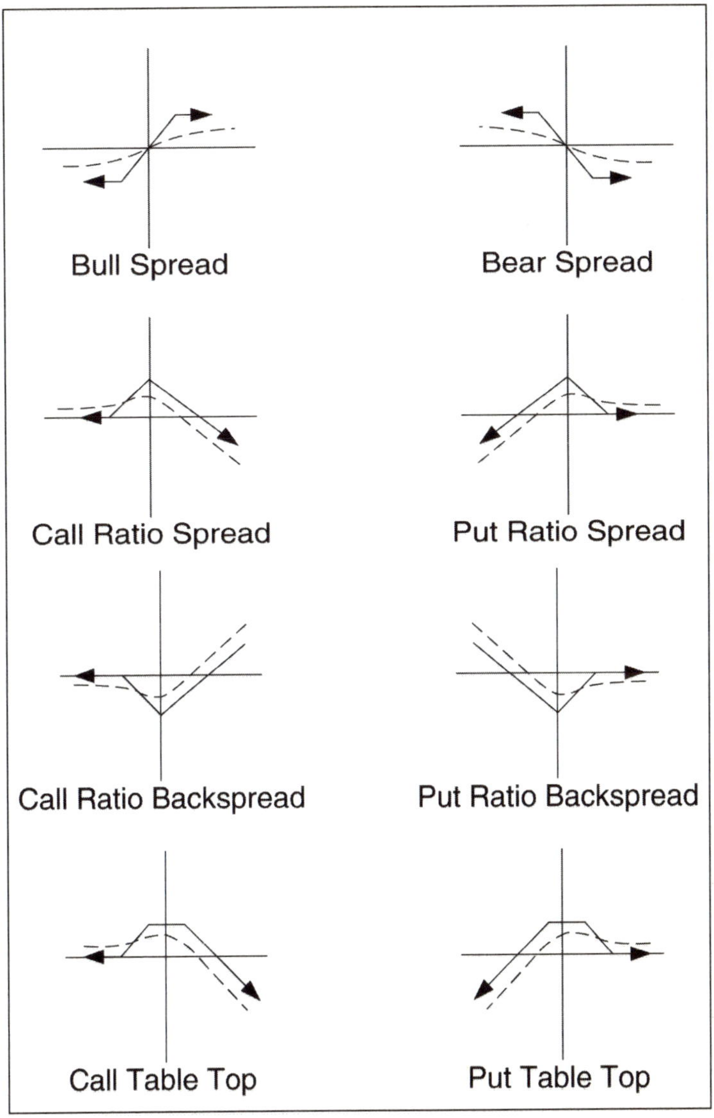
Bull Spread
Bear Spread
Call Ratio Spread
Put Ratio Spread
Call Ratio Backspread
Put Ratio Backspread
Call Table Top
Put Table Top

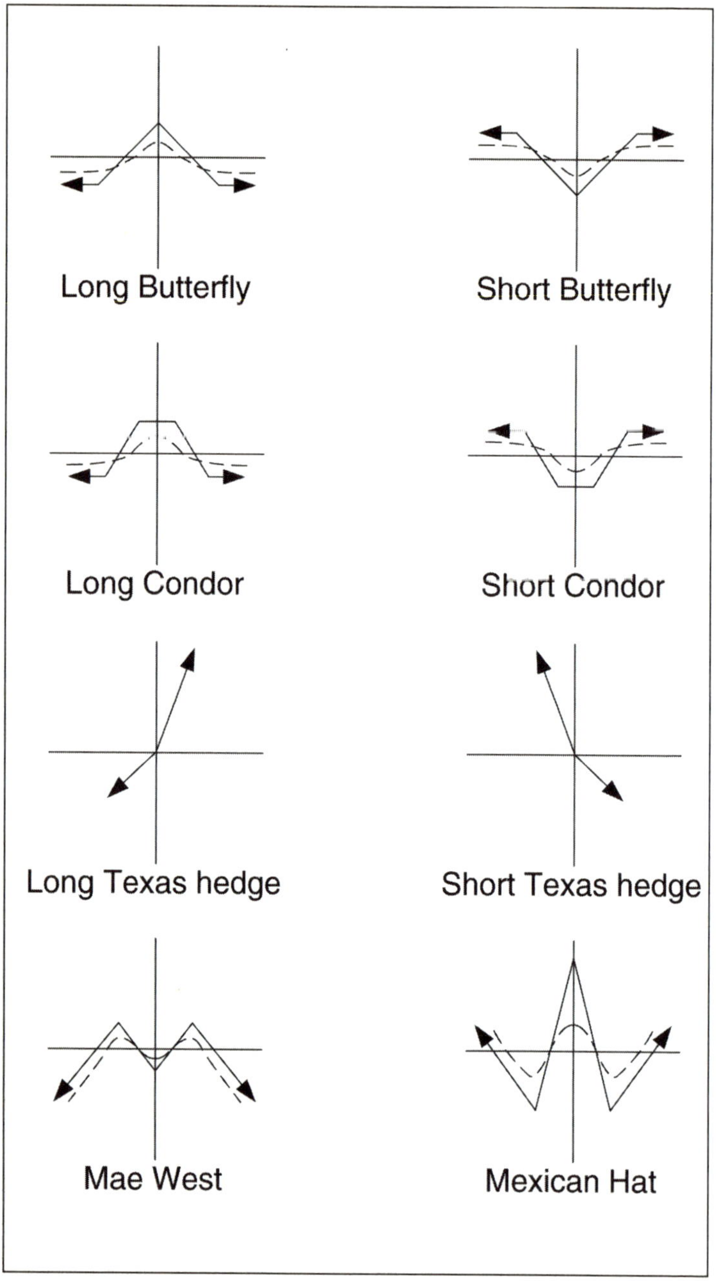
Long Butterfly
Short Butterfly
Long Condor
Short Condor
Long Texas hedge
Short Texas hedge
Mae West
Mexican Hat

3.6 Charakteristika der Kombinationen

Es ist nicht von Bedeutung, wie komplex die Zusammensetzung der Position ist. Das Verhalten bezüglich Änderungen des Basiswertes, Änderungen der Volatilität und Verstreichen der Zeit kann in den statistischen Maßen Delta, Gamma, Vega und Theta zusammengefasst werden.

Man unterscheidet drei Kombinationen (Spreads) aufgrund von gleichen (=) oder ungleichen (≠) Ausübungspreisen bzw. Verfallsdaten der Optionen, aus denen die Kombination zusammengesetzt ist.

Spread Typ	**Ausübungspreis**	**Verfallsdatum**
Vertical Spread	≠	=
Horizontal Spread	=	≠
Diagonal Spread	≠	≠

Tabelle 3.1: Zusammensetzung von Spreads

Die Griechen der Positionen können positiv (+), negativ (-) oder neutral (0) sein.

Position	**Delta** hedge ratio	**Gamma** curvature	**Vega** Volatilität	**Theta*** Zeitwertverfall	**Rho** Zinswirkung
Long Basiswert	+	o	o	o	o
Short Basiswert	-	o	o	o	o
Long Call	+	+	+	+	+
Short Call	-	-	-	-	-
Long Put	-	+	+	+	-
Short Put	+	-	-	-	+

* Ein positiver Zeitwertverfall arbeitet gegen die Long Position

Tabelle 3.2: Die Griechen simpler Positionen

Spread Typ	Delta	Gamma	Vega	Theta
Long Straddle	0	+	+	+
Short Straddle	0	-	-	-
Long Strangle	0	+	+	+
Short Strangle	0	-	-	-
Long Butterfly	0	-	-	-
Short Butterfly	0	+	+	+
Long Condor	0	-	-	-
Short Condor	0	+	+	+
Call Ratio Spread	0	-	-	-
Put Ratio Spread	0	-	-	-
Call Backspread	0	+	+	+
Put Backspread	0	+	+	+
Long Time Spread	0	-	-	+
Short Time Spread	0	+	+	-

Tabelle 3.3: Die Griechen von Volatility Spreads

Delta der Position ist	**Gewünschte Bewegung des Basiswertes**
Positiv	Aufwärts
Negativ	Abwärts
Gamma der Position ist	**Gewünschte Bewegung des Basiswertes**
Positiv	Grosse Schwankung
Negativ	Stagnierend
Vega der Position ist	**Gewünschte Bewegung des Basiswertes**
Positiv	Aufwärts
Negativ	Abwärts
Theta*der Position ist	**Verstreichen der Zeit wird der Position**
Positiv	schaden
Negativ	nützen

* Die Long Position hat positives Theta

4

Analyse einer Optionsposition

Ein Trader möchte am Markt aktiv werden. Bevor er sich jedoch engagiert, muss er die zukünftigen Marktbewegungen möglichst präzise abschätzen und seine Ziele klar abstecken, wenn er langfristig erfolgreich sein will. Er muss einen Plan erstellen, der das Erreichen seiner Ziele realistisch erscheinen lässt. Die Planung beinhaltet auch Maßnahmen, die getroffen werden müssen, falls sich der Markt in die falsche Richtung bewegt. In diesem Kapitel werden anhand von zwei illustrativen Beispielen die Analyse einer Optionsposition durchgeführt.

Zum Aufbau einer Position steht dem Trader folgende Auswahl an Calls und Puts zur Verfügung (Tabelle 4.1).

Basiswert=1000, Laufzeit = 60 Tage, Volatilität = 35%, Zinsen = 6%

CALLS

Strike	Preis	Theoretical Value	Delta	Gamma	Theta	Vega
900	112	110	83	1.3	0.22	1.2
950	80	75	69	1.7	0.22	1.6
1000	50	48	54	2	0.34	1.8
1050	28	28	37	1.9	0.39	1.5
1100	14	16	23	1.5	0.37	1.3

PUTS

Strike	Preis	Theoretical Value	Delta	Gamma	Theta	Vega
900	13	12	-17	1.3	0.24	1.2
950	30	26	-30	1.7	0.35	1.6
1000	48	48	-47	2	0.39	1.8
1050	74	78	-65	1.9	0.35	1.5
1100	111	114	-78	1.5	0.29	1.3

Tabelle 4.1: Auswahl von Calls und Puts

4.1 Beispiel #1: Long Butterfly

Der Trader geht beispielsweise eine Long Butterfly Position ein, welche aus einem Long Put bei 950, einem Short Call und Short Put bei 1000 und einem Long Call bei 1050 zusammengesetzt ist. Das Gewinn/Verlust-Profil besteht aus geraden Linien und weist Knicke exakt bei den Ausübungspreisen auf. Was ist aber die genaue Position des Traders? Wann gibt es Gewinne, Verluste oder Breakeven? Dazu betrachtet er die Situation der einzelnen Optionen bei bestimmten Preisen des Basiswertes bei Verfall (Tabelle 4.1).

Beispiel #1: Long Butterfly

Basiswert bei Verfall	Long Put 950	Short Call 1000	Short Put 1000	Long Call 1050	Total
900 Ausgeübt G/V	Ja 20(50-30)	Nein 50	Ja -52(48-100)	Nein -28	-10
950 Ausgeübt G/V	Nein -30	Nein 50	Ja -2(48-50)	Nein -28	-10
1000 Ausgeübt G/V	Nein -30	Nein 50	Nein 48	Nein -28	40
1050 Ausgeübt G/V	Nein -30	Ja 0(50-50)	Nein 48	Nein -28	-10
1100 Ausgeübt G/V	Nein -30	Nein -50(50-100)	Nein 48	Nein 22(50-28)	-10

Tabelle 4.2: Optionen bei betimmten Basispreisen bei Verfall

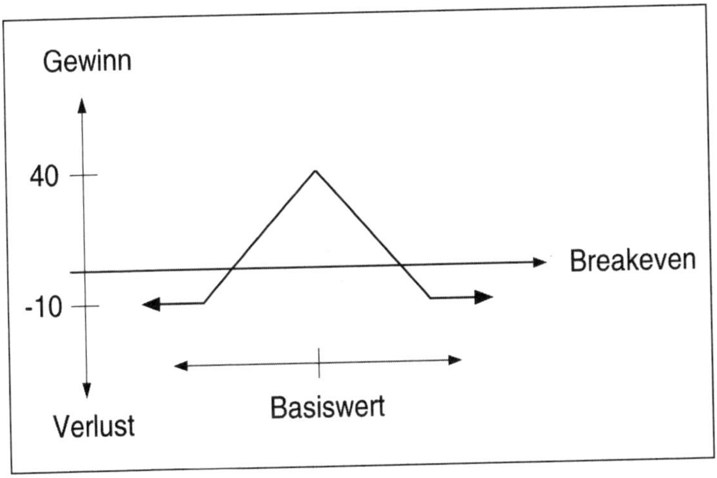

Abbildung 4.1: Long Butterfly

Die Position weist einen maximalen Verlust von 10 bei 950 oder darunter bzw. 1050 und darüber. Maximalen Gewinn erreicht die Position bei Verfall bei 1000 (Abbildung 4.1).

Änderungen der Volatilität, Delta, Laufzeit, usw. können den Wert der Position vor dem Verfall verändern. Um solche Änderungen zu untersuchen, berechnet der Trader zuerst den Preis, Delta, Gamma, Vega und Theta der gesamten Position (Tabelle 4.3).

	Preis	**Theoret. Value**	**Delta**	**Gamma**	**Theta**	**Vega**
Long Put 950	-30	-26	-30	+1.8	+0.29	+1.6
Short Call 1000	+50	48	-54	-2	-0.55	-1.8
Short Put 1000	+48	48	47	-2	-0.55	-1.8
Long Call 1050	-28	-28	37	+1.9	+0.31	+1.7
Position Total:	+40	+42	0	-0.3	-0.5	-0.3

Tabelle 4.3: Preis, Delta, Gamma, Theta und Vega der Position

Theoretical Edge

Aus der Tabelle ist ersichtlich, dass die Position am Markt einen Wert hat von 40 und einen theoretischen Wert von 42. Die Position hat also eine Theoretical Edge von 2 und ist deshalb billig.

Delta und Änderungen des Basiswertes

Die Position besitzt ein neutrales Delta ($\delta = 0$), d.h. der Wert der Position ändert sich nicht bei kleinen Schwankungen des Basiswertes, unveränderter Laufzeit und Volatilität. Delta ist gegeben durch

$$\delta = \frac{\text{Änderung des Optionspreises}}{\text{Änderung des Basiswertes}} .$$

Die Änderung des Wertes der Position ist folglich

$$\textit{Änderung der Position} = \frac{\delta}{100} \cdot \textit{Änderung des Basiswertes}.$$

Angenommen die Position hätte ein Delta von 60 und der Basiswert würde von 1000 auf 1030 steigen, dann wäre die

$$\textit{Änderung der Position} = \frac{60}{100} \cdot 30 = 18.$$

Der neue Wert der Position wäre dann 40+18=58. Ein negatives Delta von -60 würde entsprechend zu einem neuen Wert der Position von 22 führen.

Gamma γ

Gamma entspricht der änderung von Delta bei einer Änderung des Basiswertes. Bei unveränderter Volatilität, Laufzeit usw. berechnet sich das neue Delta zu

$$\delta_{neu} = \gamma \cdot \textit{Änderung des Basiswertes} - \delta_{alt}.$$

Eine Änderung des Basiswertes um 30 entspricht einem neuen Delta

$$\delta_{neu} = (-0.3) \cdot 30 - 0 = -9.$$

Theta θ

Theta wird benutzt für die Berechnung des Wertes der Position bei Verstreichen der Zeit. Bei unveränderter Volatilität, Zinsen usw. ist die

$$\textit{Änderung der Position} = -\textit{Tage} \cdot \theta.$$

Vergehen drei Tage, so ist die

$$\textit{Änderung der Position} = (-3) \cdot (-0.5) = 1.5.$$

Das Verstreichen der Zeit hilft also der Position.

Vega und Änderungen der Volatilität

Vega misst die Änderung des Optionspreises bezüglich der Änderung der Volatilität des Basiswertes.

$$\textit{Änderung der Position} = \textit{Änderung der Volatilität} \cdot \textit{Vega}.$$

Ein Zuwachs der Volatilität von 6% bewirkt eine

$$\textit{Änderung der Position} = 6 \cdot (-0{,}3) = -1{,}8.$$

4.2 Beispiel 2: Delta Neutral Position

Angenommen der Trader erwartet, dass die Volatilität um 5% sinkt. Er geht ein Short Straddle ein mit neutralem Delta ($\partial = 0$) bestehend aus C Short Calls und P Short Puts bei einem Strike von 1000. Das Delta seiner Position soll

$$\partial = 47P - 54C = 0$$

sein, was nur mit 47 Calls und 54 Puts oder ein Vielfaches davon erreichbar ist.

Der Trader kassiert eine Prämie von $47 \cdot 50 + 54 \cdot 48 = 4942$. Der theoretische Wert der Position ist $47 \cdot 48 + 54 \cdot 48 = 4848$. Folglich ist die Theoretical Edge 94. Das Vega der Position ist : Vega = $47 \cdot (-1{,}8) + 54 \cdot (-1{,}8) = -181.1$. Fällt nun die Volatilität tatsächlich um 5% dann folgt die

$$\textit{Änderung der Position} = 5 \cdot (-181.8) = -909$$

,

so dass die Position geschlossen werden kann bei 4942-909 = 4033 mit einem Profit von 909.

Jay Kaeppel

5

Die vier größten Fehler beim Handel mit Optionen

Optionen bieten Tradern und Investoren eine Vielzahl von Möglichkeiten. Spekulanten kaufen Optionen und erfreuen sich des unbeschränkten Profitpotenzials und beschränkten Risikos. Andere Trader können Strategien anwenden mit einer sehr hohen Profitwahrscheinlichkeit. Investoren können ihre Aktienpositionen mit Optionen gegen Kurseinbrüche schützen. Trotz all dieser Vorteile, erleiden schätzungsweise 90% der Trader langfristig Verluste. Diese überraschende Tatsache wirft einige relevante Fragen auf:

- Was ist es, was bei so vielen Tradern zu Verlusten führt?
- Gibt es einen Weg, diese offensichtlich großen Fehler zu vermeiden?
- Wenn die Verlustrate so hoch ist, warum steigen immer mehr Leute in den Handel mit Optionen ein?

Wenn Trader über ihre Ideen und Strategien im Handel mit Optionen sprechen, ist es über die Jahre interessant festzustellen, dass es einige übliche, wiederkehrende Themen gibt. Wenn 90% aller Trader Verluste einfahren und viele denselben Ideen nachgehen, kann man sich dann einen Vorteil verschaffen, indem dieses übliche Vorgehen vermieden wird? Um diese Frage zu beantworten, haben wir systematisch die am meisten erwähnten Tradingtrategien mit Hilfe von Computersimulationen analysiert.

Wie im Folgenden beschrieben wird, gibt es einige übliche Fehler, die eine Mehrheit von Tradern begehen und die langfristig verantwortlich für die Verluste sind. Indem diese Fehler isoliert werden und gezeigt wird, warum sie so üblich sind, warum sie zu Verlusten führen und wie sie vermieden werden, können sie einen bedeutenden Schritt zu einem wesentlich profitableren Trader machen.

Es gibt gute Tradingideen und schlechte. Einer der besten Wege, die guten Ideen zu finden, ist zuerst die schlechten zu eliminieren. Das ist das Ziel der folgenden Diskussion, bei der wir uns auf die vier größten Fehler beim Handel mit Optionen konzentrieren.

Für jeden einzelnen der vier größten Fehler wird zuerst beschrieben, woraus dieser besteht. Danach wird besprochen, warum Trader diese Fehler begehen und warum langfristig Verluste entstehen. Schliesslich wird im Detail erklärt, wie die einzelnen Fehler vermieden werden können.

5.1 Beim Handel sich einzig auf Market Timing verlassen

Warum Trader Fehler #1 begehen

Viele Neulinge im Handel mit Optionen sehen Optionen als ein Instrument, um ihre Market-Timing-Entscheidungen mit einem Hebeleffket zu unterstützen. Das heißt, anstatt Aktien oder Futures selbst zu kaufen oder zu verkaufen, glauben sie, dass sie eine Call- oder Put-Option kaufen können und

- sehr viel weniger Kapital einsetzen, und
- von einem grösseren Hebeleffekt profitieren.

Dies ist im Optionenhandel tatsächlich möglich. Mit einer relativ kleinen investierten Summe, kann der Trader einen verhältnismäßig viel größeren Gewinn bei einem Trade erzielen, als wenn er den Basiswert selbst gekauft oder verkauft hätte. Das ist die schöne Seite der Medaille. Unglücklicherweise glauben aber viele, dass Market Timing das einzige ist, was sie brauchen, um mit Optionen Profit zu machen. Dementsprechend führen sie wenig oder überhaupt keine Analyse der Optionen durch, im falschen Glauben, dass jede Option gut ist, solange das Timing gut ist. Auf längere Zeit begehen sie jedoch einen fatalen Fehler.

Market Timer rühmen sich ihrer erfolgreichen Trades. Jede gewinnbringende Transaktion verstärkt ihren Glauben daran, dass Market Timing das einzige ist, was zum

Erfolg führt, ungeachtet dessen, wie selten die erfolgreichen Trades auch sein mögen. Einen satten Profit bei einem Trade zu realisieren, ist leider nicht dasselbe wie langfristig Geld zu verdienen. Die Frage ist nicht: "Erzielst du von Zeit zu Zeit einen Gewinn?" Auch die schlechtesten Trader können bei glücklicher Gelegenheit einen großen Gewinn erzielen. Die relevante Frage ist vielmehr: "Hast du eine Vorgehensweise, die dir langfristig erlaubt, Geld zu verdienen?" Trader, die sich beim Handel mit Optionen einzig auf Market Timing verlassen, müssen diese zentrale Frage mit "nein" beantworten. Der Hauptgrund für das Versagen dieses Vorgehens ist, dass es einen der wichtigsten Faktoren beim Handel mit Optionen ignoriert – die implizite Volatilität. Bevor die genauen Gründe eruiert werden, warum Market Timing Trader langfristig im Stich lässt, wird definiert, was implizite Volatilität ist und warum sie so wichtig ist für den Erfolg im Handel mit Optionen.

Implizite Volatilität

Die implizite Volatilität einer Option ist die Volatilität, die einem Optionspreismodell zugeführt werden muss, um den theoretischen Optionspreis des Modells dem aktuellen Marktpreis anzugleichen. Dabei sind alle anderen Größen wie Ausübungspreis, Preis des Basiswertes, Laufzeit und Zinsen als bekannt vorausgesetzt. Mit anderen Worten ist es die Volatilität, die vom aktuellen Marktpreis einer Option aufgrund des Optionspreismodells impliziert wird.[1]

---

[1] *Für eine detaillierte Erklärung der impliziten Volatilität und für ein illustratives Beispiel siehe Anhang.*

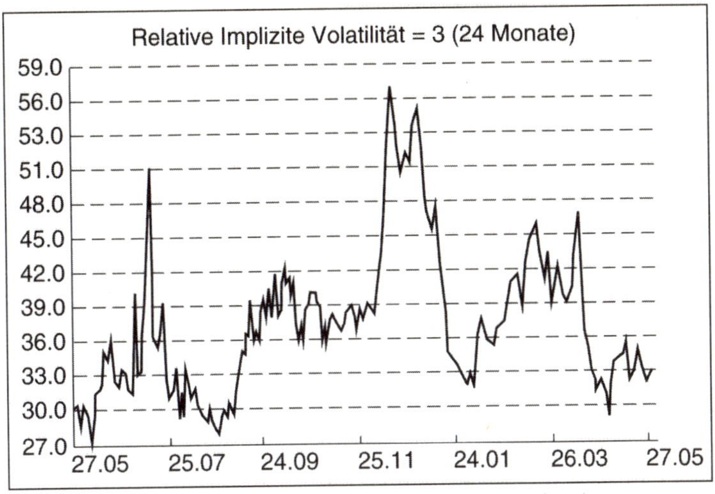

Abbildung 5.1: Implizite Volatilität von Optionen auf Intel

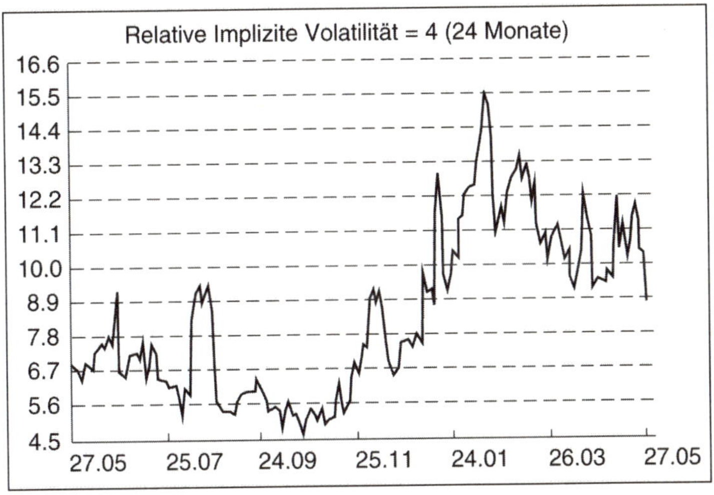

Abbildung 5.2: Implizite Volatilität von Optionen auf Gold

Wie aus den Abbildungen 5.1 und 5.2 zu entnehmen ist, kann die implizite Volatilität von Optionen auf einen bestimmten Basiswert über die Zeit großen Fluktuationen ausgesetzt sein. Jeder Aktien- und Futuresmarkt besitzt seine eigenen oberen und unteren Grenzen der impliziten Volatilität. Ohne die Kenntnis über die Spannweite des Fluktuationsbereiches der impliziten Volatilität jedes einzelnen Basiswertes ist es unmöglich, verschiedene Basiswerte miteinander zu vergleichen.

Die implizite Volatilität von Optionen auf Intel-Aktien (Abb. 5.1) bewegte sich in einem Bereich von 26,69% bis 56,59% und hat einen aktuellen Wert von 33%. Hingegen lag die implizite Volatilität von Optionen auf Gold (Abb. 5.2) zwischen 4,52% und 15,52% und liegt jetzt bei 8,9%. Vergleicht man die beiden aktuellen Werte der impliziten Volatilität (33% und 8,9%), so könnte man meinen, dass die Volatilität der Optionen auf Intel hoch und diejenige der Optionen auf Gold niedrig ist. Auf relativer Basis liegen jedoch beide Volatilitäten leicht unter ihrem jeweiligen Durchschnitt. Die Kenntnis darüber, ob der aktuelle Wert der Volatilität auf relativer Basis hoch oder niedrig ist, ist ein entscheidender Faktor für den langfristigen Erfolg im Handel mit Optionen.

Warum Fehler #1 langfristig zu Verlusten führt

Es gibt zwei grundsätzliche Probleme, wenn man sich beim Handel mit Optionen einzig auf Market Timing verlässt.

1. Die Höchst- bzw. Tiefstwerte eines Basiswertes sind extrem schwierig aufzuspüren. Für das Auffinden gibt es keine gültige Regel.

2. Die Preisänderungen einer Option korrelieren nicht immer mit den Preisänderungen des zugehörigen Basiswertes. Auch wenn eine Call Option beim exakten Tiefststand des Basiswertes gekauft wird, ist es durchaus möglich, dass der Call keinen grossen Profit abwerfen oder sogar Verluste einbringen wird.

Market Timer ignorieren kurzerhand diese Tatsachen, was das Hauptproblem darstellt in dieser Gruppe von Optionstradern.

Der Market Timing Fehler

Ungeachtet dessen, wie genau ein Trader seine Market-Timing-Methode praktiziert, ist die Wahrscheinlichkeit genau 50%, dass sich ein Basiswert im Zeitraum zwischen dem Kauf der Option und deren Verfall in die vorhergesagte Richtung bewegt. Diese Wahrscheinlichkeit bleibt bei 50%, auch wenn für die Vorhersage der Richtung des Basiswertes ein Tradingsystem verwendet wird, das in der Vergangenheit 80% der Richtungen korrekt vorhergesagt hat. Trotz der Tatsache, dass 80% der Kaufsignale von einem Preiszuwachs gefolgt wurden, bleibt die ursprüngliche Wahrscheinlichkeit, dass nach dem Kaufsignal der Preis des Basiswertes zunimmt, genau 50%. Der eifrige Market Timer geht also jedesmal ein Trade ein mit der falschen Annahme, dass die Chancen 80 zu 20 zu seinen Gunsten stehen, während sie tatsächlich nicht besser sind als 50 zu 50. Diese Wahrscheinlichkeitsbetrachtung bezüglich Preisbewegungen gilt lediglich für den Basiswert und nicht für die zugehörigen Optionen, welche ihrerseits unabhängig und aufgrund verschiedener Faktoren, die ein Market Timer nie berücksichtigt, schwanken können.

Basiswert bezüglich Änderungen im Optionspreis
Die implizite Volatilität ist eine gewichtige Variable bei der Bestimmung des Optionspreises. Wie im Anhang erklärt wird, besitzt jede Option ihre eigene implizite Volatilität, und das Niveau der impliziten Volatilitäten für Optionen auf einen besimmten Basiswert kann über die Zeit großen Fluktuationen ausgesetzt sein. Als Folge dieser Fluktuationen können Optionspreise extrem hoch, extrem niedrig oder irgendwo dazwischen zu liegen kommen. Es ist für den langfristigen Erfolg von entscheidender Bedeutung zu wissen, ob der aktuelle Wert der impliziten Volatilität auf relativer Basis hoch oder niedrig ist. Das Fehlen dieser Kenntnis ist der Hauptgrund, warum Market Timer beim Handel mit Optionen Geld verlieren. Manchmal bezahlen sie zu viel für Optionen, weil sie eines der kardinalen Fehler im Handel mit Optionen begehen: Sie nehmen fälschlicherweise an, dass die Preisbewegungen irgend einer von ihnen gekauften Option die Preisbewegungen des Basiswertes wiederspiegeln werden. Die Annahme, dass "jede alte Option" geeignet ist, ist ein sicherer Weg zu Verlusten.

Idealerweise konzentriert man Käufe von Optionen auf Situationen, in denen die implizite Volatilität relativ niedrig ist, und Schreiben von Optionen auf Situationen, in denen die implizite Volatilität relativ hoch ist. Auf diese Weise kann nicht nur von einer positiven Preisbewegung des Basiswertes profitiert werden, sondern auch von einer günstigen Änderung der Volatilität. Es soll an dieser Stelle besonders die Wichtigkeit der Vermeidung von Optionenkäufen bei relativ hoher impliziter Volatilität betont werden.

Bei jedem Kauf von Optionen kann eine darauf folgende Abnahme der Volatilität zu Verlusten führen, auch wenn der Basiswert sich in die gewünschte Richtung bewegt, und egal, ob beim Zeitpunkt des Kaufs die Volatilität relativ hoch oder niedrig ist. Je höher jedoch die implizite Volatilität beim Kauf ist, desto größer ist das Verlustrisiko. Stolpert man auf der Straße, so fällt man zu Boden; stolpert man auf einer Bergspitze, so riskiert man, in die Tiefe zu stürzen. Auf der Bergspitze wägt der Trader jeden einzelnen Schritt genau ab. Der Market Timer, der nicht auf die relativen Werte der Volatilität achtet, riskiert nicht nur in die Tiefe zu stürzen, sondern auch nicht zu wissen, dass er auf einer Bergsspitze ist, wenn er stürzt.

Ungünstigeres Risiko/Gewinn-Verhältnis

Ein weiterer Faktor, welcher beim Kauf von Optionen oft unbeachtet bleibt, ist das erwartete Verhältnis von Risiko zu Gewinn. Weil die Wahrscheinlichkeit, dass mit einer bis zum Verfallstag gehaltenen Long Position ein Gewinn erzielt wird, der wegen des unvermeidlichen Zeitwertverfalls immer weniger als 50% beträgt, ist es für den langfristigen Erfolg eines Traders nötig, dass er große Profite macht, wenn einmal seine Einschätzungen richtig sind. Mit anderen Worten, wenn die Wahrscheinlichkeit für einen Gewinn bei jedem Trade weniger als 50% ist und das Verhältnis von Risiko zu Gewinn 1 zu 1 ist, dann entstehen langfristig mit Sicherheit Verluste. Folglich ist es wichtig, von Zeit zu Zeit einen großen Gewinn an Land zu ziehen. Unglücklicherweise weiß der Trader, der die implizite Volatilität ignoriert, nichts darüber, ob er sein Risko/Gewinn-Verhältnis minimiert.

Die meisten Trader erwarten bei jedem Kauf von Optionen immer einen großen Profit, so dass sie sich ein zu optimistisches Bild ihres Gewinnpotenzials ausmalen. Gleichermaßen glauben sie beim Eingehen einer Position mit beschränkter Verlustcharakteristik, ein geringes Risiko ertragen zu müssen. In ihren Augen ist das Aufwärtspotenzial so groß, dass die Wahrscheinlichkeit, den vollen Optionspreis zu verlieren, klein erscheint. Folglich ist das wahrgenommene Risiko/Gewinn-Verhältnis im allgemeinen viel niedriger als es tatsächlich auf dem Markt ist.

Die meisten Trader sind auch darin ausgebildet, mit dem Basiswert anstatt mit der Option zu handeln. Zu Beginn der Karriere lernt jeder Trader etwas über technische Analyse und fundamentale Analyse. All diese Analyse zielt darauf ab, den richtigen Zeitpunkt für den Kauf oder Verkauf einer Aktie oder eines Future zu bestimmen. Wenn die Entscheidung getroffen wird, mit Optionen anstatt mit dem Basiswert selbst zu handeln, nehmen viele Trader fälschlicherweise an, dass sie einfach Calls oder Puts kaufen können, weil sich mit Optionen genau wie mit den zugehörigen Basiswerten handeln lässt. Diese Denkweise ist eben gerade der Kern des Problems.

Die eigentliche Arbeit eines Traders beginnt erst dann, wenn die Entscheidung über das Timing getroffen ist. Zu diesem Zeitpunkt muss er entscheiden, welche Optionen zu kaufen sind und wie die Position zu handhaben ist, sobald sie eingenommen wird. Wenn ein Trader zwei oder mehr Basiswerte zur Wahl hat, wird die Entscheidung noch komplizierter. Den meisten Tradern steht nur ein beschränktes Kapital zur Verfügung und sie müssen sich deshalb oft für den einen Basiswert und gegen einen anderen entscheiden. Die geschickte Auswahl der Basiswerte und die Auswahl der Optionen ist der entscheidende Schritt, der die profitablen Optionenhändler von den restlichen 90% trennt.

Illustratives Beispiel

- Am 4. April erhält ein Trader aufgrund seiner Market-Timing-Methode Kaufsignale für zwei Aktien, US Robotics und Sun Microsystems.
- Basierend auf diese Kaufsignale ist im nächsten Monat ein Zuwachs beider Aktienpreise von 10% zu erwarten.
- Um die Gewinne zu maximieren, entscheidet sich der Trader für den Kauf von Call Optionen entweder auf die eine oder auf die andere Aktie.
- Dem Trader stehen dafür $2500 zur Verfügung.

Die Frage lautet dann: „Welche Aktie bietet die besseren Gewinnchancen?" Wenn der Trader keine weiteren Instrumente besitzt außer seiner Market-Timing-Methode, hat er keine andere Wahl, als mit einem Münzenwurf oder aus dem Bauch heraus eine Entscheidung zu treffen. Der Trader jedoch, der über Market Timing aufgeklärt ist, macht eine weitsichtigere Entscheidung, die ihn zu größeren Gewinnchancen verhelfen wird.

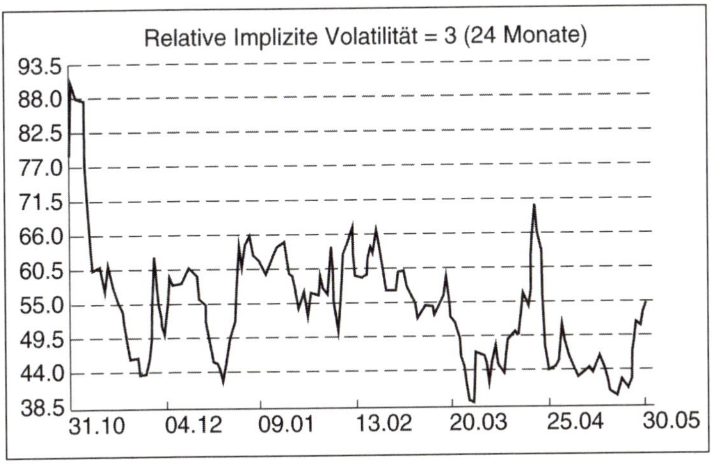

Abbildung 5.3: Implizite Volatilität von Optionen auf US Robotics

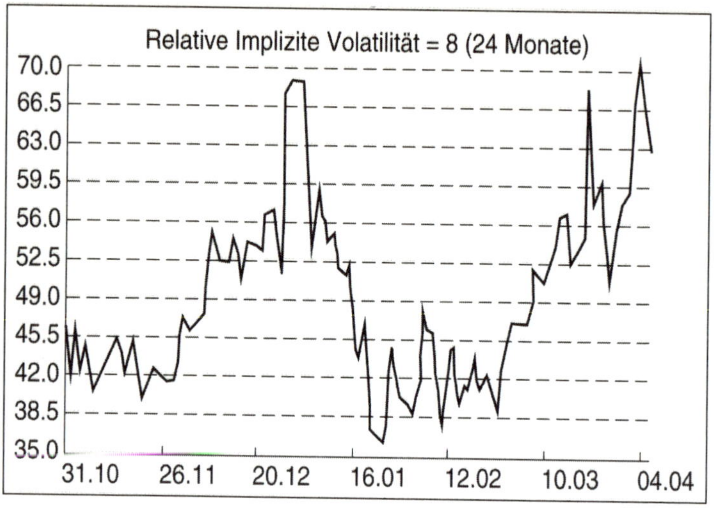

Abbildung 5.4: Implizite Volatilität von Optionen auf Sun Microsystems

Abbildung 5.3 und 5.4 zeigen die implitzite Volatilität der beiden Aktien zum betrachteten Zeitpunkt. Ersichtlich ist, dass auf relativer Basis die implizite Volatilität für US Robotics viel niedriger ist als diejenige für Sun Microsystems. Ein erster Schluss wäre also, dass die "billigeren" Optionen auf US Robotics ein höheres Gewinnpotential aufweisen als die "teureren" Optionen auf Sun Microsystems.

Datum	4.4.97	5.5.97	**Strike**	**Preis**	**Verfall**	**Profit**
Zinsen	5	5	60	2.65	9.5.97	69.9%
Basiswert	58.31	64.12	55	5.50	4.5.97	64.3%
Volatilität	41.69%	41.69%	50	9.50	2.5.97	47.2%

Tabelle 5.1: Quantitative Analyse für US Robotics Calls (Szenario 1)

Datum	4.4.97	5.5.97	**Strike**	**Preis**	**Verfall**	**Profit**
Zinsen	5	5	30	1.75	13.5.97	39.0%
Basiswert	29.25	32.18	25	5.12	4.5.97	37.7%
Volatilität	62.45%	62.45%	30	3.12	7.7.97	35.9%

Tabelle 5.2: Quantitative Analyse für Sun Microsystems (Szenario 1)

Wie eine quantitavive Analyse dieses Szenarios zeigt (Tabellen 5.1 und 5.2), ist der Profit mit US Robotics Optionen 69.6% und mit Sun Microsystems Optionen 39.0%, falls beide Aktien im nächsten Monat um 10% steigen [2]. Was die Optionen auf US Robotics in diesem Szenario noch attraktiver erscheinen lässt, ist die Tatsache, dass die Volatilitäten der Optionen sich immer wieder ändern können. Zusätzliche Gewinnchancen ergeben ich beim Kauf von Optionen, wenn die Volatilität relativ niedrig ist, weil die Wahrscheinlichkeit eines Volatilitätszuwachses grösser ist als im Mittel und ein solcher Zuwachs die Optionspreise steigen lassen würde.

Angenommen die impliziten Volatilitäten für US Robotics und Sun Microsystems würden sich bei ihren Mittelwerten einpendeln, d. h. dass die Volatilität von US Robotics um 58.2% von 41.69% auf 65.95% steigen und diejenige von Sun Microsystems um 16% von 62.45% auf 54.43% fallen würde. In den Tabellen 5.3 und 5.4 ist das zweite Szenario für die sich einpendelnden Volatilitäten berechnet. Das Profitpotenzial für US Robotics springt dabei auf stolze 165% während dasjenige für Sun Microsystems leicht schrumpft auf 37.7%.

[2] *Die quantitative Analyse kann mit einem Optionspreismodell oder mit einer geeigneten Software durchgeführt werden.*

Datum	4.4.97	5.5.97	**Strike**	**Preis**	**Verfall**	**Profit**
Zinsen	5	5	70	2.62	9.8.97	165.9%
Basiswert	58.31	64.12	70	4.75	5.11.97	135.3%
Volatilität	41.69%	41.69%	65	4.25	5.8.97	120.2%

Tabelle 5.3: Quantitative Analyse für US Robotics Calls (Szenario 2)

Datum	4.4.97	5.5.97	**Strike**	**Preis**	**Verfall**	**Profit**
Zinsen	5	5	25	5.12	4.5.97	37.7%
Basiswert	29.25	32.18	30	1.75	13.5.97	28.8%
Volatilität	62.45%	52.43%	25	6.00	4.7.97	27.1%

Tabelle 5.4: Quantitative Analyse für US Sun Microsystems (Szenario 2)

Nicht jede Gelegenheit, Optionen zu traden, ist gleich wie die andere. Dieses Beispiel illustriert, wie wichtig es ist, sich beim Handel mit Optionen nicht nur auf Market Timing zu verlassen. Im Beispiel sind die Erwartungen für beide Aktien gleich bullish. Jedoch genießt der Trader, der US Robotics Optionen kauft, dank der "billigeren" Optionen ein größeres Gewinnpotenzial. Hinzu kommt die größere Wahrscheinlichkeit eines Volatilitätszuwachses. Der Trader, der Sun Microsystems Optionen kauft, muss sich hingegen mit einem viel niedrigeren Gewinnpotenzial zufrieden geben. Zusätzlich besteht das Risiko, dass sich die implizite Volatilität zum Mittelwert hin bewegt oder noch tiefer sinkt, und deshalb die Optionspreise für Sun Microsystems unter Druck geraten.

Wie Fehler #1 zu vermeiden ist

Market Timing kann eine wesentliche Komponente eines erfolgreichen Handelns mit Optionen sein. Unglücklicherweise erkennen aber zu viele Trader nicht, dass es beim Traden von Optionen um mehr geht, als nur um Market Timing. Wird nicht ernsthaft überlegt, welche Option gekauft und wieviel dafür bezahlt wird, geht man womöglich Verlusten entgegen, die sonst einfach hätten vermieden werden können. Nicht nur das investierte Kapital leidet darunter, es kann auch eine psychologisch destruktive Erfahrung für den Trader sein, beherrscht er doch die Market-Timing-Methode so perfekt und trotzdem verliert er Geld damit.

Um diesen Fehler zu vermeiden, muss man sich dazu bewegen, einen zusätzlichen Schritt zu machen, sobald der Market-Timing-Mechanismus Kaufsignale erzeugt hat. Der zusätzliche Schritt besteht darin, die aktuelle implizite Volatilität einer Option zu untersuchen, ob diese hoch oder niedrig ist, und aufgrund dieser Information zu entscheiden, welche Tradingstrategie anzuwenden bzw. zu vermeiden ist. Eine nützliche Technik ist dabei der Vergleich der aktuellen impliziten Volatilität mit der historischen Volatiliät, um objektiv bestimmen zu können, ob erstere auf relativer Basis hoch oder niedrig ist.

Das Konzept der relativen Volatilität

Das Konzept der relativen Volatilität ermöglicht dem Trader aufgrund historischer Daten eine objektive Bestimmung der Höhe der impliziten Volatilität für Optionen auf einen bestimmten Basiswert. Um die profitträchtigsten Tradingstrategien anwenden zu können, ist diese Information von zentraler Bedeutung. Eine einfache Methode, die relative

Volatilität zu berechnen, besteht darin, den Höchst- und Tiefstwert der impliziten Volatilität für Optionen auf einen bestimmten Basiswert über die vergangenen zwei Jahre zu notieren [3]. Die Differenz zwischen dem höchsten und dem tiefsten notierten Wert wird in zehn gleich große Volatilitätsbereiche unterteilt. Liegt die aktuelle implizite Volatilität im untersten Bereich, so ist die relative Volatilität 1. Liegt die aktuelle implizite Volatilität im obersten Bereich, so ist die relative Volatilität 10. Mit dieser Einteilung kann ein Trader objektiv bestimmen, ob die implizite Volatilität im Moment hoch oder niedrig ist. Diese Information nützt er dann für seine Entscheidung über die anzuwendende Tradingstrategie aus (Tabelle 5.5 und 5.6).

Strategie	**Profitpotenzial**	**Risiko**	**1**	**2**	**3**	**4**	**5**	**6**	**7**	**8**	**9**	**10**
Long Straddles	>	<	•	•								
Long Naked Options	>	<	•	•	•							
Backspreads	>	<	•	•	•	•	•					
Long Verticals	<	<	•	•	•	•	•					
Calendar Spreads	<	<	•	•	•	•	•					
Short Verticals	<	<						•	•	•	•	•
Short Double Verticals	<	<							•	•	•	•
Long Ratio Spread	<	>								•	•	•
Short Naked Options	<	>									•	•
Short Straddles	<	>									•	•

< : beschränkt   > : unbeschränkt

Tabelle 5.5: Skala der relativen Volatilität (1-10)

---

[3] *Siehe Anhang für Details über die Berechnung der täglichen impliziten Volatilität.*

Hedging Strategie	Profitpotenzial	Risiko	1	2	3	4	5	6	7	8	9	10
Long Basiswert/ Long Put	>	<	•	•	•							
Short Basiswert/ Long Call	<	<	•	•	•							
Long Baiswert/ ShortCall/ Short Put	<	<				•	•	•	•			
Short Basiswert/ Short Put/ Long Call	<	<				•	•	•	•			
Long Basiswert/ Short Call	<	<								•	•	•
Short Basiswert/ Short Put	<	<								•	•	•

< : beschränkt > : unbeschränkt

Tabelle: 5.6: Skala der relativen Volatilität (1-10)

Aus den Abbildungen 5.1, 5.2, 5.3 und 5.4 ist klar ersichtlich, dass die implizite Volatilität über die Zeit sehr stark schwanken kann. Trader, die sich der aktuellen Höhe der impliziten Volatilität nicht bewusst sind, wissen auch nicht, ob sie beim Kauf zu viel bezahlen oder beim Schreiben zu wenig erhalten. Dieses Unbewusstsein führt langfristig zu Verlusten.

5.2 Nur out-of-the-money-Optionen kaufen

Die Mehrheit der Trading-Neulinge steigt in den Optionenhandel mit der Absicht ein, rasche und spekulative Profite zu realisieren. Anders als beim Kauf einer Aktie, die einen greifbaren Wert hat, nehmen eine Vielzahl von Trader Optionen vielmehr als eine Art Lotterieschein wahr anstatt als ein Finanzinstrument. Anders ausgedrückt, die Mentalität ist eine sehr draufgängerische. Tatsächlich ist diese Denkweise so ordinär, dass ohne große Nachforschungen man klar einsehen kann, dass diese Vorgehensweise langfristig verlustträchtig ist. Wie viele Leute, die sich in der Lotterie versuchen, werden reich? Wieviele von denen, die auf Pferde wetten oder pokern, verdienen langfristig ein Haufen Geld? Wenige. Die meisten Spieler spielen gefährlich, haben Spaß dabei, fahren ihre Verluste ein und machen dann gleich weiter. Dasselbe geschieht Tradern, die sich einzig auf langfristige Wetten fokussieren, indem sie out-of-the-money-Optionen kaufen, oder die Optionen mit sehr kurzer Laufzeit erwerben.

Bemerkung

Der Leser sei darauf hingewiesen, dass die Diskussion sich hier nicht gegen den Kauf von „billigen“ out-of-the-money-Optionen im Allgemeinen richtet. Das Ziel ist zu zeigen, dass, wenn die Tradingstrategie fast ausschließlich aus dem Kauf von „billigen“ out-of-the-money-Optionen besteht, die Chancen für Verluste auf lange Sicht groß sind.

Warum Trader Fehler #2 begehen

Jedermann erfreut sich eines Profites. Viele Leute lieben langfristige Wetten. Der Gedanke eines kleinen Einsatzes auf lange Sicht mit der Möglichkeit enormer Profite ist eine Verlockung für viele. Leider führt diese Art der Spekulation, obwohl sie einen Haufen Spaß bereiten kann, in den meisten Fällen langfristig zu Verlusten. Wenn das primäre Ziel der Spekulation Profite sind, dann sollte man immun gegen diese Art von Lotterievirus sein und langfristige Wetten sollte man im Allgemeinen auch meiden.

Wenn sie die Wahl hätten, eine Wette einzugehen mit Einsatz 200 und der Möglichkeit 1000 zu verdienen, oder 200 zu wetten mit der Möglichkeit 500 zu verdienen, welche Wette würden sie eingehen? Ohne genauere Angaben, scheint die erste Wette attraktiver zu sein. Überraschend viele Trader geben sich mit der wenigen Information zufrieden und gehen die „attraktivere" Wette ein, indem sie die Option mit dem größeren Hebel kaufen. Die hier offensichtlich fehlende Information – die Wahrscheinlichkeit für das Eintreffen der gewünschten Verdienste – ist ein bestimmender Faktor der langfristigen Profitabilität. Um die potenziellen Fallen im Zusammenhang mit langfristigen Wetten besser verstehen zu können, werden hier einige Begriffe definiert und ein Beispiel gegeben.

In-the-money-Option – Eine Call Option ist in-the-money, wenn der Ausübungspreis tiefer liegt als die aktuelle Notierung des Basiswertes. Eine Put Option ist in-the-money, wenn der Ausübungspreis höher liegt als die aktuelle Notierung des Basiswertes.

Out-of-the-money-Option – Eine Option, die keinen intrinsischen Wert hat. Eine Call-Option ist out-of-the-money, wenn der Ausübungspreis größer ist als der aktuelle Marktpreis des Basiswertes. Eine Put-Option ist out-of-the-money, wenn der Ausübungspreis kleiner ist als der aktuelle Marktpreis des Basiswertes.

Intrinsicher Wert – Die Größe, um welche eine Option in-the-money ist. Eine out-of-the-money-Option hat per Definition keinen intrinsischen Wert.

Extrinsicher Wert oder Zeitwert – Der Preis einer Option minus ihr intrinsischer Wert. Der Preis einer out-of-the-money-Option besteht ausschließlich aus extrinsischem Wert, oder Zeitwert. Alle Optionen verlieren über die Zeit bis zu ihrem Verfall an Zeitwert (Zeitwertverfall).

Hypothetisches Beispiel

Am 31. Januar notiert Aktie X bei $55 und es stehen drei verschiedene Call Optionen zur Verfügung.

Strike	Preis	Delta	Intrinsischer Wert	Zeitwert	Preis bei Verfall
50	6	82	5	1	5
55	3	50	0	3	0
60	1	26	0	1	0

Die erste Option ist in-the-money mit $5 intrinsischem Wert und $1 Zeitwert. Die zweite Option ist at-the-money bei $55 und dessen Preis besteht deshalb ausschliesslich aus Zeitwert. Die dritte Option mit Ausübungspreis $60 ist out-of-the-money und besitzt keinen intrinsischen Wert, solange Aktie X nicht über $60 notiert. Alle Calls verfallen im März.

Angenommen sie seien bullish auf diese Aktie und erwarten in den nächsten Wochen eine Preisavance. Die Frage stellt sich dann spontan: „Welche ist die bessere Option?" Die Antwort auf diese Frage kann unterschiedlich ausfallen, aber der Denkvorgang ist im Allgemeinen gleich. Jeder Trader macht sich seine subjektiven Gedanken darüber, welche Option wohl am aussichtsreichsten ist, ohne die Risiko/Gewinn-Charakteristika der einzelnen Optionen genau zu untersuchen. Die Voreiligen mögen sicherlich den 60er Call, weil er nur $1 kostet. „Alles was ich verlieren kann ist $1. Nichts Großartiges." Die Möglichkeit, etwas zu einem niedrigen Preis erwerben zu können, scheint für viele eine unwiderstehliche Verführung zu sein – auch im Handel mit Optionen! Jedesmal, wenn ein Trader eine Option kaufen möchte, überkommt ihn oft die Versuchung, eine tief out-of-the-money-Option zu kaufen, einfach weil diese so ungemein billig sind. Der Trader suggeriert sich selbst: „Falls ich richtig liege, mache ich das Geschäft meines Lebens, falls nicht, so verliere ich halt ein kleines bisschen Geld." Weil die Wahrscheinlichkeit hier aber ignoriert wird, kommt leider zu 90% der Trader langfristig unter die Räder, wenn dieses Vorgehen seine primäre Strategie ist.

Warum Fehler #2 langfristig zu Verlusten führt

Nicht alles, was den Anschein hat, ein gutes Geschäft zu sein, ist tatsächlich eines. Die Gefahr, etwas wegen des niedrigen Preises zu kaufen, liegt darin, dass man auch erhält, was man bezahlt: eben etwas Billiges. Das Hauptproblem mit tief out-of-the-money-Optionen ist, dass man womöglich unbeabsichtigt gegen sich selbst arbeitet.

Die Wahrscheinlichkeit ist ein extrem wichtiger Faktor für den Erfolg im Handel mit Optionen. Beim Kauf einer Option können Trader die Wahrscheinlichkeit abschätzen, dass die Option bei Verfall in-the-money sein wird, indem sie das Delta zur Hilfe nehmen. Das Delta wird mit einem Optionspreimodell berechnet und liegt für Calls auf einer Skala von 0 bis 100 und für Puts von -100 bis 0. Die Bedeutung des Delta einer bestimmten Option kann von drei verschiedenen und instruktiven Gesichtspunkten aus betrachtet werden.

- Das Delta einer bestimmten Option gibt die Wahrscheinlichkeit an, dass die Option bei Verfall in-the-money sein wird. Ein Call also mit einem Delta von 20 wird mit Wahrscheinlichkeit 20% in-the-money verfallen.
- Ein Delta von 20 besagt, dass der Preis der Option um 0.20 steigt, wenn der Basiswert um eine Einheit steigt.
- Ein Delta von 100 besagt, dass die aktuelle Position äquivalent ist zum Besitz von 100 Basiswerten. Eine Option mit Delta -40 ist gleichwertig mit einem Leerverkauf von 40 Basiswerten.

Ein Delta von 50 für eine at-the-money-Option gibt an, dass die Wahrscheinlichkeit 50% ist, dass die Option in-the-money verfallen wird. Dementsprechend haben in-the-money-Optionen ein Delta größer als 50 und out-of-the-money-Optionen ein Delta kleiner als 50.

Im vorherigen Beispiel mit der Aktie X, hatte der 50er Call ein Delta von 82, der 55er Call ein Delta von 50 und der 60er Call ein Delta von 26. Das bedeutet, dass Aktie X mit einer Wahrscheinlichkeit von 82% bei Verfall über $50 notieren wird, mit Wahrscheinlichkeit 50% über $55 und mit 26% über $60. Anders ausgedrückt, die 60er Option wird mit Wahrscheinlichkeit 74% bei Verfall wertlos sein. Leider wird diese wertvolle Information vom voreiligen Trader mit der „Was solls, ich kann doch nur $1 verlieren"-Mentalität oft unterschlagen oder nicht beachtet.

Was den Voreiligen noch zusätzlich schlechter stellt, ist die Tatsache, dass das Delta nur die Wahrscheinlichkeit misst, dass der Basiswert bei Verfall den Ausübungspreis erreicht. Weil auch für den Zeitwert der Option bezahlt wird, kommt der Zielpreis der Aktie bei Calls über und bei Puts unter dem Ausübungspreis zu liegen, was entsprechend die Wahrscheinlichkeit für einen Profit bis zum Verfall noch weiter schrumpfen lässt.

Kauft man beispielsweise den 60er Call für $1, so liegt der effektive Breakevenpreis bei $61 (Ausübungspreis plus Optionspreis) und die Wahrscheinlichkeit, dass die Aktie bei Verfall über $61 notiert, ist dann nur noch 19%. Wenn der 60er Call für $1 gekauft wird, sind die Chancen also weniger als 1 zu 5, dass man bis zum Verfall ohne Verluste davonkommt – Kommissionen nicht mitgerechnet! Diese Tatsache illustriert, was der Kern des Problems von Fehler #2 ist: wenn die Handelsstrategie fast ausschliesslich aus Wetten mit einer Gewinnwahrscheinlichkeit von weniger als 20% besteht, dann ist es deutlich einsehbar, dass langfristig Verluste entstehen. Ein wenig Arithmetik treibt es noch auf die Spitze: wenn 4 von 5 Trades je $100 verlieren, dann muss der fünfte Trade $400 einnehmen, um verlustlos bleiben zu können. Im Beispiel müsste Aktie X bis zum Verfall auf $65 steigen, damit der 60er Call einen Gewinn von $400 erzielt.[4]

[4] *Es werden jeweils 100 Optionskontrakte erworben*

Wiederum werden hier die Kommissionen nicht mit berücksichtigt. Die Wahrscheinlichkeit, dass die Aktie bei Verfall $65 erreicht, ist 8%. Viel Glück!

Die üblichen defensiven Argumente des voreiligen Traders, wenn er mit diesen Tatsachen konfrontiert wird, sind: „Ich habe nicht vor, die Option bis zum Schluss zu behalten. Zuerst lande ich einen Volltreffer und dann steige ich aus." Die Schwäche dieses Denkvorganges ist aber schnell durchschaut. Angenommen, der Trader geht die 60er-Call-Position am 31. Januar ein und will am 28. Februar die Position schließen. Aufgrund des Optionspreismodells müsste Aktie X an diesem Datum über $57 7/8 notieren, damit der 60er Call einen Profit zeigt – wieder vor Kommissionen. Wie hoch ist die Wahrscheinlichkeit, dass Aktie X, die momentan bei $55 genahdelt wird, in vier Wochen auf $57 7/8 steigt? In diesem Fall ist die Wahrscheinlichkeit 28%. Die Hoffnung auf ein Breakeven ist also nicht viel größer. Das beste Szenario für den voreiligen Trader wäre eine sofortige Bewegung der Preise in die erwartete Richtung. Damit der 60er Call im Beispiel einen Gewinn von $400 abwirft und der Trader die Verluste von je $100 der vier von fünf Trades decken kann, müsste Aktie X bis am 7. Februar auf $58 steigen. Die Wahrscheinlichkeit dafür ist 12%.

Realistisches Beispiel

Manchmal kann die Wahl eines niedrigeren Ausübungspreises den Unterschied zwischen Gewinn und Verlust ausmachen. Am 4. April notieren Merck Aktien bei $86 7/8.

Strike	Preis	Delta	Intrinsischer Wert	Zeitwert	Preis bei Verfall
85	4.50	63	1.88	2.62	1.88
90	2.25	39	0.00	2.25	0.00

Ein auf Merck bullisher Trader fasst folgende mögliche Trades ins Auge.

- Kauf von 100 Merck Aktien (Kosten = $8688).
- Kauf von 19. Mai 85 Call Optionen (Kosten = $8550)
- Kauf von 30. Mai 90 Call Optionen (Kosten = $8550)

Der voreilige Trader entscheidet sich sogleich für den 90er Call. Auf diese Weise kann er doppelt so viele Optionen kaufen, als wenn er den 85er Call gewählt hätte, und das Profitpotenzial ist riesig, falls die Merck-Aktien entsprechend steigen. Jedoch gibt es bei Optionen immer Gegenargumente. Die Argumente für den Kauf von in-the-money-Optionen und out-of-the-money-Optionen sind folgende.

- Die out-of-the-money-Option bietet immer einen grösseren Hebeleffekt, wenn der Basiswert einen größeren Preissprung macht.
- Die in-the-money-Option bietet immer eine größere Wahrscheinlichkeit, Gewinne zu erzielen.

Der Trader, der sich sofort auf die out-of-the-money-Optionen stürzt, missachtet die folgenden Faktoren.

- Die Wahrscheinlichkeit für den Erfolg seines Szenarios
- Wie schlechtestenfalls seine finanzielle Lage beeinträchtigt wird

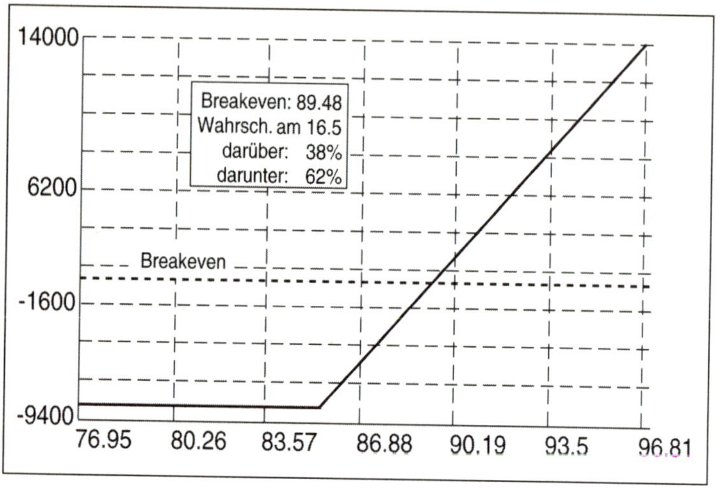

Abbildung 5.5: Gewinn/Verlust-Diagramm von 85er Calls auf Merck

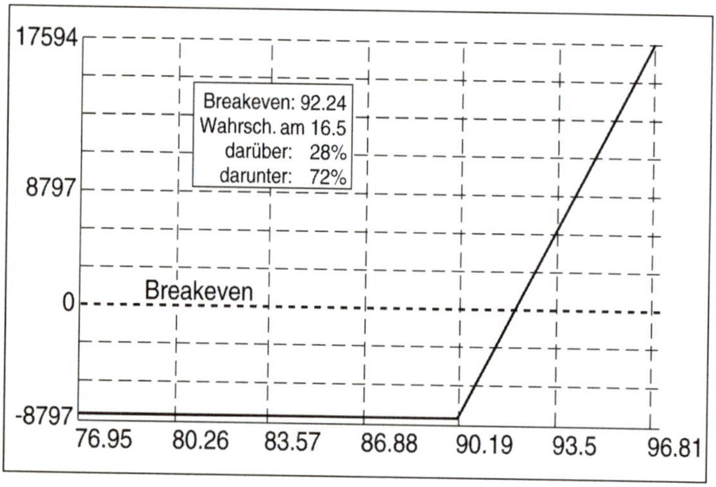

Abbildung 5.6: Gewinn/Verlust-Diagramm von 90er Calls auf Merck

Die Abbildungen 5.5 und 5.6 zeigen die Gewinn/Verlust-Diagramme für den 85er und den 90er Call bei Verfall. Es gibt einige wichtige Punkte beim Vergleich der beiden

Positionen. Es ist klar, dass der 90er Call ein größeres Aufwärtspotential hat, falls die Merck Aktie bedeutend steigt. Wenn das der einzige Faktor ist, der ein Trader einkalkuliert, lässt er leider einige andere unbeachet.

Der Breakevenpreis für den 85er Call liegt bei $89.48 (Abb. 5.5). Die Wahrscheinlichkeit, dass die Merck Aktie beim Verfall der Option über diesen Preis liegt, ist 38%. Der Breakevenpreis für den 90er Call liegt bei $92.24 (Abb. 5.6). Die Wahrscheinlichkeit, dass die Merck Aktie beim Verfall der Option über diesen Preis notiert, ist 28%. In diesem Fall muss der Trader entscheiden, was ihm wichtiger ist – größeres Aufwärtspotenzial oder höhere Wahrscheinlichkeit auf Profit. Es gibt keine exakt richtige oder gar falsche Antwort auf diese Frage. Das Problem ist aber, dass zu wenige Trader sich die Frage überhaupt stellen! Meistens entscheiden sie sich für den grösseren Leverage und missachten die anderen wichtigen Faktoren.

Zwischen dem 4. April und dem 16. Mai steigt die Merck-Aktie um 5% von $\$86^7/_8$ auf $\$91^1/_4$. Der Trader, der 100 Merck-Aktien gekauft hat, macht $437 auf einer Investitionssumme von $8688, oder 5%. Der 85er Call generiert einen Gewinn von $3150, oder 37% der investierten Summe. Das illustriert den Leverage beim Einsatz von Optionen. Die Gefahr beim Leverage jedoch ist, dass er auch zu groß sein kann. Der 90er Call nämlich, weil er den größten Leverage anbot, verliert schließlich $4512, oder 53% des invesitierten Kapitals!

Wie Fehler #2 zu vermeiden ist

Der Fehler, den viele Trader begehen, liegt in ihrer falschen Annahme, dass die beste Strategie einen größtmöglichen Leverage anstrebt. Diese Annahme führt langfristig unausweichlich zu Verlusten. Es gibt aber eine Lösung für dieses Problem, und die ist bestechend einfach. Leider stösst dieser Ratschlag aber auf taube Ohren bei Traderneulingen, die von der Idee getrieben sind, immense Profite zu machen. Der Weg zu langfristigem Erfolg im Handel mit Optionen ist, nicht alles Geld der Welt auf einen Schlag machen zu wollen. Ein guter Anfang ist, die Höhe des Leverage zu reduzieren.

Der Killer im Handel mit Optionen ist der Zeitwertverfall. Bei einer at-the-money-Option, falls bis zum Verfall gehalten, sind die Chancen für ein Breakeven etwa 1 zu 3 – ohne Kommissionen. Die Performance vieler Trader wäre besser, wenn sie den Leverage etwas senkten und Optionen mit einem inneren Wert kauften anstelle von billigen out-of-the-money-Optionen, die mit höchster Wahrscheinlichkeit wertlos verfallen. In einem Interview der Zeitschrift *Technical Analysis of Stocks and Commodities* sprach Larry McMillan[5] vom Kauf von Optionen mit einem Delta von 70 oder höher. Sein Vorschlag war, Optionen vielmehr als Ersatz für den Basiswert zu betrachten, anstatt billige, einzig aus Zeitwert bestehenden Optionen zu kaufen, die womöglich wertlos verfallen können.

Ein Trader könnte im vorletzten Beispiel $5500 in 100 X Aktien investieren. Als Alternative könnte er für $100 die 60er Calls kaufen und einen Leverage von 55 zu 1 errei-

---

[5] *Larry McMillan ist der Autor von „Options as a Strategic Investment" und „McMillan On Options"*

chen. Auf den ersten Blick erscheint die Alternative vielversprechend. Der zweite Blick verrät jedoch, dass nur eine Chance von 1 zu 5 besteht, mit diesem Trade Geld zu verdienen. Eine andere Wahl wäre, den Leverage zu reduzieren, um gleichzeitig die Wahrscheinlichkeit für einen Profit zu erhöhen. Beim Kauf des 50er Calls für $600 hat der Trader immer noch einen Leverage von ungefähr 9 zu 1 im Gegensatz zum Kauf der Aktie selbst. Wenn einmal die Aktie die Schwelle von $56 überschritten hat, gewinnt der Trader Punkt für Punkt im gleichtakt mit der Aktie. Leider aber tauschen zu viele Trader einen Leverage von 9 zu 1 ein für eine Option mit einem Leverage von 55 zu 1, trotz der überwältigenden Nachteile.

Wegen der negativen Effekte von Wahrscheinlichkeiten und Zeitwertverfall, ist es für die langfristige Profitabilität von Vorteil, wenn der Leverage verringert wird und Optionen mit einem intrinsichen Wert gekauft werden, anstatt immer nur auf out-of-the-money-Optionen zu wetten.

5.3 Zu komplexe Strategien anwenden

Viele Optionentrader versagen, weil sie dem Fehler des Market Timing oder der out-of-the-money-Optionen mit maximalem Leverage verfallen. Es gibt aber weitere Situationen, in denen sich besonders ein Typ von Trader in die Falle locken lässt. Während die einen billige Optionen kaufen in der Hoffnung, riesige Summen zu verdienen, steigen andere mit einer anderen Perspektive in den Handel mit Optionen ein, nämlich mit der Perspektive der Risikominimierung. Der Optionenhandel bietet Tradern, Investoren,

Spekulanten und Hedgern zahlreiche Möglichkeiten. Es können eine Vielzahl von Positionen eingegangen werden, die Profite zeigen, falls der Basiswert über oder unter einen bestimmten Preis notiert, unter oder über einem bestimmten Preis bleibt, über einem bestimmten Preis aber unter einen anderen bleibt usw.

Mit all dieser Flexibilität entsteht auch eine gewisse Komplexität. Eine Strategie kann als komplex definiert werden, sobald mehr als eine Option involviert ist. Der Punkt aber, an dem eine Strategie zu komplex wird, ist für jeden Trader individuell festzulegen. Eine Strategie ist dann zu komplex, wenn der Trader diese anwendet, ohne genau zu wissen, wie und warum sie profitabel sein wird, und ohne sich der potentiellen Risiken bewusst zu sein.

Warum Trader Fehler #3 begehen

Ein häufiger Grund, warum Trader komplexe Strategien einsetzen, liegt in ihrem Glauben, dass sie damit nicht verlieren können oder dass eine komplexe Strategie minimales Risiko oder eine hohe Profitwahrscheinlichkeit aufweist. Üblicherweise verfallen sie diesem Glauben, wenn sie von einer Strategie hören, die ihre Phantasie anregt. Das bekannteste Beispiel einer solchen Strategie ist das Delta Neutral Trading. Es wird versucht, eine Position mit einem neutralen Delta einzugehen. Die Kombination besteht dann aus Optionen und womöglich auch Basiswerten, so dass die positiven und negativen Deltas zusammengezählt annähernd oder genau null ergeben ($\partial = 0$). Solange eine Position Delta Neutral ist, haben Preisbewegungen des Basiswertes keinen Einfluss auf den Wert der Position.

Bemerkung

Das Ziel der folgenden Diskussion ist nicht, Delta Neutral Positionen anzuschwärzen. Das Konzept des Delta Neutral ist einleuchtend und kann langfristig profitabel sein, falls richtig eingesetzt und überwacht.

Eine Delta Neutral Position kann auf verschiedene Arten eingegangen werden. Der üblichste Ansatz besteht darin, einen tief out-of-the-money Call zu verkaufen und einen tief out-of-the-money Put mit ungefähr gleichen Deltas zu kaufen. Das Delta von Calls ist positiv und das von Puts negativ, so dass beispielsweise beim Verkauf eines Calls mit $\partial = 10$ und Kauf eines Put mit $\partial = -10$ eine Delta Neutral Position resultiert. Ein anderer Ansatz ist, 100 Aktien zu kaufen, die ein Delta von 100 haben, und zwei Puts mit einem Delta von je -50, so dass nochmals eine Delta Neutral Position entsteht. Der erste Trade liegt in der Gewinnzone, falls der Basiswert in einem bestimmten Bereich bleibt; der zweite generiert Profite, falls der Basiswert weit genug in die eine oder andere Richtung ausschlägt.

Warum Fehler #3 langfristig zu Verlusten führt

Es gibt nichts grundsätzlich Falsches dabei, komplexe Strategien einzusetzen. Das Problem zeigt sich erst dann, wenn Trader beginnen, mehrschichtige Trades einzugehen, ohne die Risiko/Gewinn-Dynamik wirklich zu verstehen.

Das folgende Beispiel zeigt die Hintergründe auf. Viele Trader verkünden die Vorzüge des Verkaufs von Delta Neutral Strangles, eine Strategie, bei der ein out-of-the-money Call und Put verkauft wird. Die Hoffnung ist, dass der Basiswert in einem bestimmten Bereich bleibt, damit die Optionen wertlos verfallen. "90% Profitwahrscheinlichkeit" ist oft der Spruch, der diese Art von Trading-Idee begleitet. Die Behauptung kann sehr wohl stimmen. Der Verkauf eines Call mit einem Delta von 10 und eines Put mit einem Delta von -10 kann tatsächlich eine Position ergeben mit 90% Profitwahrscheinlichkeit. Mit anderen Worten ist die Wahrscheinlichkeit 90%, dass der Basiswert bei Verfall über dem Strike der Put Option und unter dem Strike der Call Option notieren wird und dass die Position deshalb profitabel sein wird.

Konservative Trader bevorzugen diesen Typ von Trade wegen der günstigen Aussichten. Wenn aber die Risiko/Gewinn-Dynamik dieser Trades nicht genau untersucht wird, kann der Trader übersehen, dass das Profitpotenzial beschränkt und das Risiko unbeschränkt ist, falls der Markt sich zu weit in die eine oder andere Richtung bewegt. Zusätzlich kommen noch die Kommissionen des Brokers dazu, die umso größer sind, je öfter die Position angepasst werden muss. Es gibt viele Dinge zu beachten, bevor man eine komplexe Position eingeht.

Es gibt kein risikoloses Trading

Trotz des oft behaupteten Gegenteils, gibt es kein risikoloses Trading. Beim Handel mit Optionen ist vieles ein Kompromiss. Beim Kauf einer billigen out-of-the-money-Option ist beispielsweise das Risiko gering, die Profitwahrscheinlichkeit beträgt aber auch nur etwa 10%. Andersherum gibt es beim Verkauf eines naked out-of-the-money Call eine 90%-Chance, Geld zu verdienen. Die Risiken sind aber dementsprechend unbeschränkt, falls sich aus irgend einem Grund der Basiswert markant in die falsche Richtung bewegt.

Ein Trade mit 90% Profitwahrscheinlichkeit einzugehen, ist vielen Tradern eine willkommene Gelegenheit. Sobald aber der Trade eingegangen wird, ist nicht mehr die primäre Frage, "Was ist meine Profitwahrscheinlichkeit?", sondern relevanter wird die Frage, "Was werde ich tun, wenn der Markt sich gegen mich wendet und ich mit einem Verlust konfrontiert bin?" Falls der Basiswert in diesem Beispiel ein Rally antritt, *muss* der Trader unabhängig von der ursprünglichen Profitwahrscheinlichkeit handeln, um seine Verluste einzudämmen.

Kommisionen und Slippage vernichten Profite

Einige Optionsstrategien versuchen den Zeitwertverfall auszunutzen, indem Optionen verkauft werden. Dies kann sehr profitabel sein. Die negativen Aspekte sind jedoch die Kommissionen und das sogenannte Slippage. Slippage ist die Differenz zwischen dem Preis, bei dem man gerne handeln möchte, und dem Preis, den man auf dem Markt tatsächlich vorfindet. Speziell kann das Slippage beträchtlich ins Gewicht fallen, wenn mit Market Orders Optionen mit geringen Volumina gehandelt werden. Es ist deshalb wichtig, Slippage und Kommissionen so gering wie möglich zu halten, damit sie nicht eine allzu große Portion des Profits vernichten.

Ist das Ziel klar für einen bestimmten Trade?

Ein bestimmter Trade setzt beispielsweise voraus, dass der Basiswert auf einen bestimmten Wert steigt oder in einem bestimmten Bereich bleibt, damit ein Profit entsteht. Gibt es einen Grund zu glauben, dass dies tatsächlich eintreten wird? Beim Eingehen eines Trades sollte der Breakevenpreis – in einigen Fällen auch mehrere – des Basiswertes bekannt sein, sowie der maximale mögliche Verlust und der Preis des Basiswertes, bei dem die Verluste unakzeptabel werden.

Mit Anpassungen muss gerechnet werden

Idealerweise geht man einen Trade ein und wartet dann still auf die Profite. Leider geht es nicht immer so. Optionspositionen müssen oft den Marktbedingungen angepasst werden, wenn gewisse kritische Punkte erreicht werden, insbesondere bei Positionen mit neutralem Delta. Das Delta der Optionen schwankt mit den Änderungen im Basiswert. Deshalb kann das Delta einer Position von einem Tag zum anderen nicht mehr neutral sein und die Position muss wieder ins Gleichgewicht gebracht werden, indem ein Teil der Position geschlossen wird und/oder ein neuer Teil hinzugekauft wird.

Das Problem darf nicht allzu locker angegangen werden. Bei gewissen Trades muss man bereit sein, die nötigen Anpassungen zum richtigen Zeitpunkt durchzuführen. Es ist deshalb nötig, im Voraus für jede Eventualität zu planen, in der Hitze des Gefechts die Disziplin nicht zu verlieren und den Plan durchzuziehen. Zu beachten sind auch die Kommissionen und das Slippage, die bei jeder weiteren Anpassung anfallen. Wenn die Strategie ein beschränktes

Profitpotenzial aufweist, können die Trading-Kosten das Profitpotenzial noch weiter verringern.

Anpassungen können subjektiv sein

Ein weiteres Problem trifft insbesondere unerfahrene Trader. Angenommen, ein Trader verkauft einen out-of-the-money Call und einen out-of-the-money Put und entscheidet sich, die Position anzupassen, sobald der Basiswert im Bereich einer der beiden Ausübungspreise zu liegen kommt. Der Basiswert kommt jetzt tatsächlich an den Ausübungspreis des verkauften Call heran. Was soll der Trader jetzt tun? Die Position anpassen? Das war der Plan. Aber, was ist die richtige Anpassung? Der Trader kann entweder die ganze Position schließen oder nur die Calls möglicherweise mit Verlusten schließen, oder aber er kann die Puts schliessen und weitere Puts mit einem höheren Ausübungspreis verkaufen, oder eine andere Variante versuchen. Es gibt in diesem Sinne nicht nur eine richtige Antwort.

Im schwierigsten Augenblick, wenn die Position in die Gefahrenzone eintritt, muss der Trader die relativen Stärken der einzelnen Optionen neu abschätzen und in sehr kurzer Zeit entscheiden, wie die Position anzupassen ist. Dies ist keineswegs unmöglich. Die Unsicherheit und der Zeitdruck lassen aber viel Raum für Fehler übrig sogar für einen professionellen Optionenhändler, geschweige denn für einen Neuling, der glaubte mit 90% Wahrscheinlichkeit Kapital zu schlagen.

Eine Anpassung zu verpassen kann zu einem größeren Verlust führen, der die vielen kleinen Gewinne vernichtet

Nicht selten hört man von sonst erfolgreichen Tradern, von solchen, die üblicherweise tief out-of-the-money-Optionen verkaufen, dass sie von einzelnen schweren Verlusten getroffen wurden, weil sie es verpasst haben, die Verluste mit einer geeigneten Anpassung der Position rechtzeitig einzudämmen, wenn der Markt sich gegen sie gewandt hat. Der einzige Weg aus diesem Schicksal ist es, einen Plan zu haben und ihn auch einzuhalten.

Es ist schwer, Breakeven- und Anpassungspunkte einzuhalten

Eine mögliche Strategie wäre der Verkauf von zehn S&P500-Futureskontrakten und der Kauf von 20 at-the-money Calls mit einem neutralen Delta. Jedesmal wenn das Delta der Position Werte von 100 oder -100 erreicht, wird sie nachträglich angepasst, so dass wieder ein neutrales Delta resultiert. Wie alles andere auch, kann diese Strategie unter den richtigen Umständen Erfolg bringen. Die relevante Frage ist aber: „Kann die Position laufend verfolgt werden und die richtigen Anpassungen vorgenommen, wenn immer auch diese nötig werden?" Bevor eine solche Strategie verfolgt wird, muss der Trader realistisch auf diese Frage antworten.

Realistisches Beispiel

Am 1. Mai notieren Juni S&P500-Futures bei $802.05. Eine Delta Neutral Position wird mit folgenden Optionen eingegangen:

- Verkauf von zwei Mai-835-Calls für je $110 mit einem Delta von je 9.
- Verkauf von zwei Mai-755-Puts für je $185 mit einem Delta von je -9

Wird die Position bis zum Verfall am 15. Mai gehalten, ergibt sich ein Profit, falls der Juni-S&P500 sich irgendwo zwischen $752.20 und $838.00 befindet, wie das G/V-Diagramm in Abbildung 5.7 zeigt.

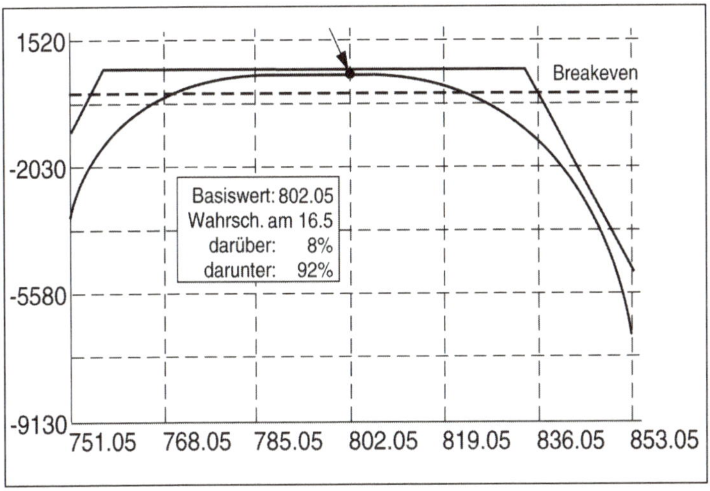

Abbildung 5.7: G/V-Diagramm für die Delta Neutral Position am 1. Mai

Beim Eingehen der Position ist die Wahrscheinlichkeit 90%, dass S&P 500 in der Profitzone bleiben wird. Das ist genau die Art von Trade (hohe Profitwahrscheinlichkeit, kleines Risiko), die viele Trader anzieht. Das Problem dabei ist jedoch, dass der Trader bei dieser Position einzig auf die hohe Wahrscheinlichkeit zählt, ohne auch der risikobehaftete Seite der Gleichung zu analysieren.

Nach genau einer Woche am 8. Mai liegt der Preis für Juni S&P500-Futures bei $822.55. Die Position hat sich folgendermaßen geändert:

- Die zwei Mai Calls notieren jetzt bei 480 mit einem Delta von je 31.
- Die zwei Mai Puts notieren jetzt bei 35 mit einem Delta von je -1.

Die Position ist $1100 im minus und sie ist nicht mehr Delta Neutral. Steigen die Futures weiter an, können ernsthafte Verluste entstehen (Abb. 5.8)!

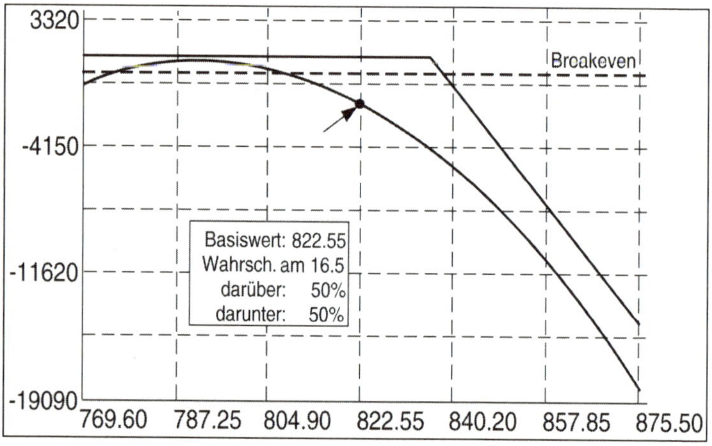

Abbildung 5.8: G/V-Diagramm eine Woche später am 8. Mai

Merkenswerte Punkte des Beispiels

- Es gibt keine Optionsstrategien, einfach oder komplex, die Profite garantieren, gleichgültig wie gut die Chancen stehen.

- Jede Trading-Strategie hat Vor- und Nachteile. Ist man sich der potenziellen negativen Faktoren, die irgend ein Trade mit sich bringt, nicht vollständig bewusst, oder geht man ohne Vorbereitung auf diese negativen Faktoren einen Trade ein, ist die angewandte Strategie einfach zu komplex.

Wie Fehler #3 zu vermeiden ist

Wie schon besprochen, kann der Trader nur auf individueller Basis entscheiden, wann eine Strategie zu komplex wird. Die wichtigsten Fragen, die man sich bezüglich eines jeden Trades stellen muss, sind:

- Was ist mein Ziel für diesen Trade?
- Was ist mein maximales Profitpotenzial und was ist die Wahrscheinlichkeit dieses zu verwirklichen?
- Wie gross ist das maximale Risiko und die Wahrscheilichkeit für das Eintreffen des ungünstigsten Szenarios?
- Werde ich meine Position anpassen müssen?
- Wenn ja, welche Punkte werde ich anpassen müssen und wie?
- Werde ich in der Lage sein, die Position so zu kontrollieren, dass potentielle Grossverluste vermieden werden können?

Falls diese Fragen nicht beantwortet werden können, bevor man einen bestimmten Trade eingeht, ist es ratsam, den Trade vorerst nicht einzugehen.

5.4. Ein zu weitmaschiges Netz auswerfen

Eine häufige Idee, die die Gedanken von vielen Tradern streift, ist: „Ich untersuche alle Optionen auf jede Aktie und auf jeden Futureskontrakt, damit ich die besten Trades finden kann." Die Hoffnung dabei ist, die besten Optionen zu finden, indem einfach jede Option auf ihr Profitpotenzial hin untersucht wird.

Warum Trader Fehler #4 begehen

Es scheint eine logische Idee zu sein: „Wenn ich alle Optionen analysiere, dann muss ich ja die besten finden." Leider gibt es aber in dieser Theorie einige Mängel. Es herrscht die Meinung, dass der beste Trade irgendwo da draußen wartet. Da es aber aufwendig und lästig ist, jede Option auf jede Aktie und jeden Futureskontrakt zu analysieren, bleibt einem nur die schlechte Ausrede: „Wenn ich das nur könnte, dann wäre ich ein Star-Trader."

Warum Fehler #4 langfristig zu Verlusten führt

In den meisten Unternehmungen ist es so, dass, wenn man zu viel Feuer in sich hat und allzuviel versucht, man sich maßlos überschätzen und dabei verbrennen kann. Gleiches gilt im Handel mit Optionen. Man fährt wesentlich besser, wenn der Fokus reduziert anstatt erweitert wird.

Den Preis zu kennen reicht nicht

Es ist unmöglich, aufgrund des Preises allein sagen zu können, ob eine Option es wert ist, gehandelt zu werden. Jede Option reagiert leicht anders auf die Bewegungen des zugrunde liegenden Basiswertes. Um eine realistische Aussage über die Vorteile des Kaufs oder des Schreibens einer bestimmten Option machen zu können, muss man ein zukünftiges Szenario bereits im Kopf haben. Die Aussichten eines Trades werden dann im Hinblick auf dieses Szenario bestimmt. Dabei ist im Allgemeinen eine Voraussage des Market Timing oder der Änderung der Volatilitäten nützlich.

Beschränkungen der Analyse von theoretischen Preisen gegenüber Marktpreisen

Ein weiterer Refrain unter den Traderneulingen ist: „Ich schaue mir jede Option an, damit ich diejenigen finden und (ver)kaufen kann, die am meisten (über-) unterbewertet sind." Diese Denkweise zielt auf die Differenz zwischen dem theoretischen Preis einer Option, der mit einem Optionspreismodell berechnet wird, und dem aktuellen Marktpreis ab. Ist der aktuelle Marktpreis unter dem theoretischen Preis, dann wird die Option als unterbewertet bezeichnet. Umgekehrt ist eine Option überbewertet, falls der theoretische Preis unter dem Marktpreis liegt. Trader glauben beim Kauf von unterbewerteten und beim Verkauf von überbewerteten Optionen, ein Geschäft zu machen. Es gibt aber einige bemerkenswerte Argumente:

- Nur weil eine Option unter ihrem theoretischen Preis gehandelt wird, gibt es keine Garantie dafür, dass der Preis steigen wird. Wenn ein Call beispielsweise unterbewertet ist und der Basiswert und/oder die Volatilität sinkt, dann sinkt der Preis der Option auch mit, egal wie unterbewertet die Option auch sein mag.

- Analog gilt das Argument für eine Option, die über ihrem theoretischen Preis gehandelt wird.
- Die implizite Volatilität kann über die Zeit stark schwanken. Wenn alles andere gleich bleibt, ist es im Allgemeinen günstiger, eine überbewertete Option zu kaufen, wenn die implizite Volatilität auf relativer Basis niedrig ist, als eine unterbewertete Option zu kaufen, wenn die implizite Volatilität relativ hoch ist.
- Das Ausnützen von Preisdifferenzen soll lieber den professionellen Tradern überlassen werden, die meistens sofortigen Zugriff auf den Markt sowie minimale Tradingkosten haben, und den grosßen Arbitrageuren, die nichts anderes tun, als Preisdifferenzen auf der Spur zu sein. Der kleine Trader geht langfristig fast sicheren Verlusten entgegen, wenn er die $^1/_8$ und $^1/_4$ aus dem Optionenmarkt herauszuholen versucht.
- Es gibt verschiedene Optionspreismodelle: Black-Scholes, Binomialmodell, Cox-Rubinstein, usw. Verschiedene Modelle können verschiedene theoretische Preise für die gleiche Option vorschlagen. Während ein Modell eine Option als überbewertet einstuft, schätzt ein anderes die Option als fair bewertet ein.
- Die größte Beschränkung der Analyse von theoretischen Optionspreisen ist, dass sie in der realen Welt nicht wirklich nützlich sind. Beispielsweise generieren drei verschiedene Optionsmodelle drei verschiedene theoretische Preise für dieselbe Option: 5.63, 5.74 und 5.86. Auf dem Markt ist aber der Geldkurs 5.50 und der Briefkurs 6.00. Die Market Maker auf dem Parkett kümmern sich nicht um die berechneten

theoretischen Preise. Wenn die Option jetzt gehandelt werden soll, dann kann sie für 6.00 gekauft und für 5.50 verkauft werden. Es gibt keine andere Wahl in der realen Welt.

Im Allgemeinen ist es ratsam, vom Kauf einer Option, die allzuweit über ihrem theoretischen Preis gehandelt wird, und vom Verkauf einer Option, die allzuweit unter ihrem theoretischen Preis gehandelt wird, abzusehen. Es ist wichtiger, die Aufmerksamkeit auf die Bewegungen des Basiswertes, auf die implizite Volatilität, auf das Handelsvolumen und und auf die Geld- und Briefkurse zu richten als auf die theoretischen Preise.

Niedrige Volumina machen das Traden schwierig

In Zeitungen werden Optionspreise oft zusammen mit dem Optionsvolumen veröffentlicht. Es gibt Optionen, die täglich sehr wenig gehandelt werden. Einige werden auch gar nicht gehandelt. Trotzdem ist für diese Optionen ein Preis veröffentlicht. Viele Trader nehmen an, dass wenn der Preis einer Option veröffentlicht wird, sie beliebig viele Optionen bei diesem Preis kaufen und verkaufen können.

Leider ist die Diskrepanz zwischen Theorie und Praxis im Handel mit Optionen manchmal enorm. Einen Preis veröffentlicht zu sehen, heißt noch lange nicht, dass man sich auch bei diesem Preis beliebig eindecken kann. Market Maker witzeln manchmal über Optionen die "nur auf Einladung" traden. Das bedeutet, dass zuerst sicher gestellt werden muss, ob die Option überhaupt gahandelt wird. Wenn man Optionen auf bestimmte Aktien oder Futures, mit denen man sonst nie gehandelt hat, kaufen oder verkaufen möchte, sollte man zuerst beim Broker nach dem

Brief/Geld-Spread einiger Optionen fragen. Wenn der Brief/Geld-Spread groß ist, dann ist der Markt für diese Optionen zu meiden.

Wie Fehler #4 zu vermeiden ist

Sobald im Handel mit Optionen etwas logisch oder einfach erscheint, muss es hinterfragt werden. Die meisten Trader tun, was für sie am einfachsten oder am logischsten ist. Das ist interessant, denn 90% der Optionenhändler verlieren langfristig Geld. Es erscheint nur logisch, ein weites Netz auswerfen zu wollen, um mehr Basiswerte zu verfolgen. Aber in der Praxis würden viele Trader besser fahren, wenn sie ihren Fokus auf wenige Basiswerte konzentrieren, anstatt ihn erweitern zu wollen. Um eine Trading-Gelegenheit nützen zu können, braucht es einen Gegenspieler, der die andere Seite des Trades bei einem angemessenen Preis übernimmt. Dafür ist aber Handelsvolumen notwendig. Deshalb sollten Trader ihre Anstrengungen auf diejenigen Aktien- und Futuresmärkte konzentrieren, die ein beständig hohes Optionsvolumen aufweisen.

Indem der Trader sich auf diese Märkte fokussiert, findet er mehr Trading-Gelegenheiten als er überhaupt wahrnehmen kann. Es bleibt dann auch mehr Zeit für die Analyse der Basiswerte, als wenn er versuchen würde, jede erhältliche Option auf jeden möglichen Basiswert zu untersuchen. Es ist ratsam, zuerst einen Aktien- oder Futuresmarkt zu finden und dann erst die Optionen auszusuchen. Es gibt drei Vorteile, wenn man sich beim aktiven Handel mit Optionen einzig auf Basiswerte beschränkt, deren Optionen ein hohes Handelsvolumen aufweisen.

- Weniger Zeit wird für die endlose Suche nach dem "großen Trade" unter allen vorstellbaren Optionen verschwendet, und mehr Zeit bleibt übrig, um sich der sinnvollen Analyse einer Handvoll klug ausgewählter Basiswerte zu widmen.
- Ist ein schmaler Fokus einmal gewählt, dann ergeben sich mehr Trading-Gelegenheiten, als man überhaupt wahrnehmen kann.
- Market Maker bieten einen viel geringeren Spread für liquide als für illiquide Optionen an. Dank diesem Unterschied allein kann man langfristig viel Geld einsparen.

Aktien mit aktivem Optionenhandel	Futures mit aktivem Optionenhandel
Apple Computer	Mais
Cisco Systems	Rohöl
Coca Cola	Gold
Compaq	Heizöl
Dell Computer	Japanische Yen
Hewlett-Packard	Gas
IBM	SP500
Intel	Sojabohnen
Iomega	T-Bonds
Micron Technology	10-Year T-Bonds
Microsoft	5-Year T-Bonds
Motorola	
OEX	
Oracle	
Philip Morris	
SPX	
Sun Microsystems	
Texas Instruments	
Three Com	

Tabelle 5.7: Aktien- und Futuresmärkte mit aktivem Optionenhandel (USA)

5.5 Zusammenfassung

Beim Handel mit Optionen denkt man oft an unbegrenztes Potenzial, begrenztes Risiko, Hebeleffekt und an die Möglichkeit, eine Position bestimmten Zielen anzupassen. Diese Eigenschaften geben sehr genau die Möglichkeiten wieder und beschreiben Optionen von der angenehmen Seite. Optionen sind aber von Haus aus eine komplexe Materie, welche viel Raum für Fehler offen lässt. Ein Trader muss deshalb seine Ziele klar abstecken, wenn er erfolgreich sein will. Er muss einen Plan ausarbeiten, der das Erreichen dieser Ziele realistisch erscheinen lässt, und ihn bis ans Ende befolgen. Aufgrund der komplexen Beschaffenheit von Optionspositionen, finden es viele Trader einfacher, leichtfertige Rezepte anzuwenden, nur um sich damit die Aussicht auf einen langfristigen Erfolg zu versperren. „Wenn alle anderen es tun, dann muss es richtig sein", ist ein häufiger Trugschluss. Wenn aber 90% der Trader Verluste machen, dann ist mit Sicherheit das Gegenteil wahr.

Der schwierigste Schritt zu einem profitableren Trader ist die Erkenntnis, dass die üblichen, von einer Mehrheit von Tradern befolgten Rezepte und Methoden im Handel mit Optionen zu Verlusten führen, und dass diese Fehler von einem Trader tunlichst vermieden werden müssen, der langfristig erfolgreich sein will. Die folgende Tabelle fasst noch einmal die vier größten Fehler beim Handel mit Optionen zusammen; warum sie entstehen, warum sie zu Verlusten führen und was dagegen unternommen werden kann.

Der Handel mit Optionen kann beträchtliche Gewinne einbringen, wenn die üblichen Fehler vermieden werden und intelligent vorgegangen wird. Das Vermeiden, der in diesem Buch beschriebenen vier größten Fehler, ist ein erster großer Schritt.

Fehler	**Warum Verluste entstehen**	**Wie Sie Verluste vermeiden**
1 Beim Handel sich einzig auf Market Timing verlassen	Ignoriert implizite Volatilität; es wird zu viel für Optionen bezahlt	Genaue Analyse der Optionen und der impliziten Volatilität durchführen
2 Nur out-of-the-money-Optionen kaufen	Ignoriert Wahrscheinlichkeit; es werden Optionen mit geringen Chancen	Abschätzung der Wahrscheinlichkeit für die Profitabilität der Option
3 Zu komplexe Strategien anwenden	Führt zu ungünstigen Risiko/Gewinn-Verhältnissen	Ziele festlegen und dafür sorgen, dass die Position diese erreicht, ohne das Risiko zu erhöhen
4 Ein zu weitmaschiges Netz auswerfen	Zu viel Zeitverlust bei der Suche unter den illiquiden Optionen	Fokus auf Basiswerte, die aktiv gahandelte Optionen besitzen

Anhang

Berechnung der impliziten Volatilität

Es gibt mehrere Variablen, die in die Berechnung des *fairen* Optionspreises mittels eines Optionspreismodells einfliessen:

A = Der aktuelle Marktpreis des Basiswertes
B = Der Ausübungspreis der betrachteten Option
C = Die aktuellen Zinsen
D =..Die Anzahl Tage bis zum Verfall der Option
E = Die Volatilität

Die Variablen A bis E werden dem Optionspreismodell übergeben, um F – den theoretischen Optionspreis –zu berechnen. Die Variablen A bis D sind dabei bekannt. Der aktuelle Marktpreis des Basiswertes, der Ausübungspreis der Option, die Zinsen und die Laufzeit können unmittelbar am Markt beobachtet werden. Um die Volatilität zu berechnen, werden die Variablen A bis D zusammen mit dem aktuellen Marktpreis der Option dem Optionspreismodell übergeben und nach der Variablen F aufgelöst. Wir erhalten die implizite Volatilität, oder die Volatilität, die vom aktuellen Marktpreis der betrachteten Option impliziert wird. Für deren Berechnung ist ein Computer notwendig. Beispielsweise notierte am 12. Januar 1995 der Januar 1996 95 Call auf IBM bei $4.

Die bekannten Variablen sind

A = \$94.75
E = \$95
C = 5%
D = \$50
E = ?
F = \$4

Die unbekannte Variable, nach der aufgelöst wird, ist die Volatilität E. Mit den obigen Zahlenwerten muss eine Volatilität von 27.13% für E eingesetzt werden, damit das Optionspreismodell den aktuellen Marktpreis von \$4 wiedergibt. Die implizite Volatilität für den Januar 1996 95 Call auf IBM ist also am 12. Januar 1995 27.13%. Verschiedene Optionen können bei verschiedenen Volatilitäten gehandelt werden. Wenn die Nachfrage nach einer Option gross ist, können die Preise künstlich hoch getrieben werden und damit eine höhere Volatilität implizieren. Die Differenzen zwischen den impliziten Volatilitäten von Optionen mit gleichem Verfallmonat quer über alle Ausübungspreise werden im Jargon als *volatility skew* bezeichnet.

Tägliche implizite Volatilität von Optionen auf einen bestimmten Basiswert

Während einerseits jede Option ihren eigenen Volatilitätswert besitzt, ist es andererseits möglich, objektiv einen Wert für die durchschnittliche implizite Volatilität von Optionen auf einen bestimmten Basiswert an einem bestimmten Tag zu ermitteln. Der tägliche Wert kann dann mit der historischen Volatilität verglichen werden, um die relative Höhe der Volatilität abschätzen zu können. Eine bevorzugte Methode berechnet den Mittelwert der impliziten Volatilitäten von at-the-money Calls und Puts mit kürzester (edoch mindestens zwei Wochen) Laufzeit, und bezeichnet diesen als die durchschnittliche implizite Volatilität für diesen Markt.

Glossar des Optionenjargons

Abandon
Die Entscheidung des Optionshalters, die Option nicht auszuüben.

Accept Order
Ein Accept Order wird sofort nach seiner Eingabe mit gegengleichen Aufträgen gematcht. Bei einer unvollständingen Ausführung wird der übriggebliebene Teil des Auftrages gelöscht. *Siehe auch* **Matching**.

Accumulate
Der Trader akkumuliert Kontrakte, indem die bestehenden Positionen aufgestockt werden.

Acheter
Kaufen. Der französische Begriff wird gebraucht, um Ver-

wechslungen mit dem deutschen Wort "verkaufen" zu vermeiden. *Siehe auch* **Vendre**.

Aggregate Exercise Price

Der Aggregate Exercise Price ist der Ausübungspreis einer Option multipliziert mit der Anzahl der Basiswerte, die vom Optionskontrakt gedeckt sind.

Alligator Spread

Ein Spread, der den Investor wegen seiner hohen Transaktionskosten „bei lebendigem Leibe verschlingt“. Wenn der Investor sich für eine Kombination von Calls und Puts entscheidet, die sehr hohe Transaktionskosten erzeugt, ist es unwahrscheinlich oder sogar unmöglich, dass er einen Gewinn erzielt, auch wenn der Markt sich wie vermutet verhält.

All-Or-None Order

Ein Auftrag, welcher entweder ganz oder gar nicht ausgeführt werden soll.

All-Or-Nothing Option

Eine billigere Form von Option, bei der ein fixer Betrag ausbezahlt wird, falls der Basiswert bei Verfall über oder unter dem Ausübungspreis liegt. *Siehe auch* **Digital Option**.

american-style Option

Eine american-style Option kann zu einem beliebigen Zeitpunkt bis zum Verfall ausgeübt werden. *Siehe auch* **european-style Option**.

Arbitrage

Der Kauf von Finanzinstrumenten an einem Markt und der gleichzeitige Verkauf der gleichen Menge von Instrumenten an einem zweiten Markt zur Ausnutzung der Kursdifferenzen zwischen den beiden Märkten. Arbitrage ist also das gezielte Ausnutzen von Kursdifferenzen zwischen vergleichbaren Kontrakten an verschiedenen Märkten zur Erzielung eines Gewinns.

Arbitrageur

Ein Investor, der Arbitrage betreibt.

Assignment

Erfüllt der Optionsschreiber am Verfalltag seine Verpflichtungen, kommt es zum Assignment. *Siehe auch* **Settlement**.

Atlantic Option

Eine pfadabhängige Option, bei der die Art der Ausübung – american-style oder european-style – während der Lebensdauer der Option ändern kann, abhängig vom Kurs des Basiswertes. *Siehe auch* **Pfadäbhangige Option**.

At-The-Market Order

Ein Auftrag ohne Kurslimite. *Auch* **bestens**.

at-the-money

Eine Option ist at-the-money, falls der Basiswert den Ausübungspreis erreicht. *Siehe auch* **in-the-money** *und* **out-of-the-money**.

Ausübung

Die Bereitschaft des Optionshalters, von den Rechten Gebrauch zu machen auf Kauf oder Verkauf von Basiswerten unter den im Optionskontrakt bestimmten Bedingungen.

Ausübungspreis
Der Ausübungs-, Basis- oder Bezugspreis einer Option ist der Preis, zu dem der Basiswert bei der Ausübung der Option gekauft (Call Option) oder verkauft (Put Option) wird. *Auch* **Striking Price, Strike Price, Exercising Price**.

Asiatische Option
Average Rate Options und Average Strike Options sind Beispiele für Asiatische Optionen. Bei einer asiatischen Option wird der Marktwert des Basiswertes innerhalb einer Zeitspanne periodisch festgehalten (pfadabhängige Option). Der Durchschnitt dieser Marktwerte wird bei einer Average Rate Option zur Festlegung des Wertes des Basiswertes beim Verfall der Option verwendet. Bei einer Average Strike Option wird der Durchschnitt für die Ermittlung des Ausübungspreises verwendet.

Average Rate Option
Siehe **Asiatische Option**.

Average Strike Option
Siehe **Asiatische Option**.

Baissiers
Marktteilnehmer, die sinkende Kurse erwarten.
Siehe auch **Bears**.

Barausgleich
Die Zahlung oder der Empfang eines Barbetrages anstelle

der physischen Lieferung des Basiswertes. Bei Optionskontrakten wird der Barausgleich durch die Differenz zwischen dem Ausübungspreis der Option und dem letzten Tagesendbewertungskurs des Basiswertes bestimmt.

Barrier Option

Auch **Limit Option** oder **Trigger Option**. Barrier Options gehören zu den sogenannten pfadabhängigen Optionen. Die mit dem Optionskontrakt verbundenen Rechte entstehen (Knock-In Barrier Option) bzw. erlöschen (Knock-Out Barrier Option), falls der Basiswert eine bestimmte Grenze (Barrier, In- bzw. Out-Strike) erreicht. Es gibt vier grundlegende Formen: Up-And-Out Options sind Puts, die gelöscht werden, falls der Basiswert eine bestimmte Grenze überschreitet. Up-And-In Options sind wertlose Puts, es sei denn, der Basiswert überschreitet eine bestimmmte Grenze, wobei dann die Option zu einem normalen Put wird. Down-And-Out Options sind Calls, die gelöscht werden, falls der Basiswert eine bestimmte Grenze unterschreitet. Down-And-In Options sind wertlose Calls, außer wenn der Basiswert eine bestimmte Grenze unterschreitet, wobei dann die Option zu einem normalen Call wird.

	Knock-In	**Knock-Out**
Call	Down-And-In	Down-And-Out
Put	Up-And-In	Up-And-Out

Double Barrier Options oder Range Options haben eine obere bzw. untere Grenze und kommen als Knock-In oder als Knock-Out vor.

Basispreis

Siehe **Ausübungspreis**.

Basiswert

Das Finanzinstrument, worauf sich ein Optionskontrakt bezieht, oder wovon der Optionskontrakt abgeleitet wurde. Beispiele für Basiswerte sind Aktien, Währungen, Edelmetalle oder Zinsen. *Auch* **Underlying**.

Bears

Marktteilnehmer, die sinkende Kurse erwarten. Sie sind bearish und gehen deshalb short. *Auch* **Baissiers**.

Bear Call Spread

Ein Bear Call Spread ist ein gleichzeitiger Kauf und Verkauf von Calls des gleichen Basiswertes mit verschiedenen Ausübungspreisen und mit gleichen oder verschiedenen Verfallsdaten. In der Regel besteht ein Bear Call Spread aus dem Verkauf eines in-the-money oder at-the-money Call (Short Call) und gleichzeitiger Kauf eines out-of-the-money Call (Long Call).

Bear Market

Ein Markt, in dem die Kurse eine fallende Tendenz haben.

Bear Spread

Ein Bear Spread zeichnet sich durch einen gleichzeitigen Kauf und Verkauf von Optionen des gleichen Basiswertes mit verschiedenen Ausübungspreisen und mit gleichen oder verschiedenen Verfallsdaten aus. Der Investor erwartet sinkende Kurse, er ist also bearish.

Bear Put Spread
Ein Bear Put Spread ist ein gleichzeitiger Kauf und Verkauf von Puts des gleichen Basiswertes mit verschiedenen Ausübungspreisen und mit gleichen oder verschiedenen Verfallsdaten. In der Regel besteht ein Bear Put Spread aus dem Kauf eines in-the-money oder at-the-money Put (Long Put) und gleichzeitiger Verkauf eines out-of-the-money Put (Short Put).

Bermuda Option
Eine Bermuda Option ist eine Mischung zwischen einer european-style Option und einer american-style Option. Typischerweise kann sie nur an bestimmten Tagen vor dem Verfall ausgeübt werden.

bestens
Ein Bestens-Auftrag wird bei der nächstbesten Gelegenheit und ohne Preislimite ausgeführt. Diese Art von Aufträgen sind beim Traden mit Optionen gefährlich und sollten vermieden werden. *Siehe auch* **At-The-Market Order**.

Beta
Der Beta-Faktor misst die Sensitivität einer Aktie oder eines Portefeuilles gegenüber der Änderung des Gesamtmarktindex. Bei einer Änderung des Gesamtmarktes um beispielsweise 2% und einen Beta-Faktor von 0.6, ändert sich die Aktie oder das Portefeuille im Durchschnitt um 1,2%.

Better-Of-Two-Assets Option
Eine Better-Of-Two-Assets Option besitzt zwei statt nur einen Basiswert. Bei der Ausübung der Option wird der

besser gestellte Basiswert für den Barausgleich berücksichtigt.

Binary Option
Siehe **Digital Option**.

Binomialmodell
Modell zur Berechnung der theoretisch fairen Preise von Optionen.

Black-Scholes-Modell
Ein analytisches Modell für die Berechnung von Optionspreisen. Das heute am häufigsten angewandte Modell wurde im Jahr 1973 von den Professoren Fischer Black und Myron Scholes etwickelt. Das Modell berücksichtigt folgende sechs Einflussfaktoren: Kurs des Basiswertes, Volatilität, Ausübungspreis, Laufzeit der Option, Dividende und Zinsniveau.

Breakeven Point
Der Kurs der Basiswertes, bei dem eine bestimmte Optionsstrategie weder profitabel noch unprofitabel ist. Für Call-Optionen ist der Breakeven Point der Ausübungspreis plus Prämie, für Put Optionen ist es der Ausübungspreis minus Prämie.

Broker
Eine Person, die die Aufträge eines Kunden gegen Bezahlung einer Kommission ausführt.

Börsengültig
Beim Aufgeben eines Auftrags meint börsengültig, dass

der Auftrag nur am betreffenden Tag ausgeführt werden kann und sonst gelöscht wird. *Auch* **Day Order**.

Bulls
Marktteilnehmer, die steigende Kurse erwarten. Sie sind bullish und gehen deshalb long. *Auch* **Haussiers**.

Bullmarket
Ein Markt, in dem Kurse steigen.

Bull Call Spread
Ein Bull Call Spread ist ein gleichzeitiger Kauf und Verkauf von Calls des gleichen Basiswertes mit verschiedenen Ausübungspreisen und mit gleichen oder verschiedenen Verfallsdaten. In der Regel besteht ein Bull Call Spread aus dem Kauf eines in-the-money oder at-the-money Call (Long Call) und gleichzeitiger Verkauf eines out-of-the-money Call (Short Call).

Bull Spread
Ein Bull Spread zeichnet sich aus durch einen gleichzeitigen Kauf und Verkauf von Optionen des gleichen Basiswertes mit verschiedenen Ausübungspreisen und mit gleichen oder verschiedenen Verfallsdaten. Der Investor erwartet steigende Kurse, er ist also bullish. *Siehe auch* **Bull Call Spread** *und* **Bull Put Spread**.

Bull Put Spread
Ein Bull Put Spread ist ein gleichzeitiger Kauf und Verkauf von Puts des gleichen Basiswertes mit verschiedenen Ausübungspreisen und mit gleichen oder verschiedenen Verfallsdaten. In der Regel besteht ein Bull Put Spread aus

dem Kauf eines in-the-money oder at-the-money Put (Long Put) und gleichzeitigem Verkauf eines out-of-the-money Put (Short Put).

Butterfly
Siehe **Long Butterfly** *und* **Short Butterfly**.

Buy On Close
Kaufen am Ende einer Trading-Session bei einem Kurs im Bereich des Schlusskurses.

Buy On Opening
Kaufen am Anfang einer Trading-Session bei einem Preis im Bereich des Eröffnungskurses.

Calendar Spread
Siehe **Horizontal Spread**.

Call, Call Option
Ein Optionskontrakt, der dem Käufer das Recht gibt, aber nicht die Pflicht, an oder bis zu einem bestimmten Datum eine bestimmte Anzahl der zugrundeliegenden Basiswerte zu einem im Voraus bestimmten Ausübungspreis zu kaufen. Der Verkäufer (Schreiber, Stillhalter) der Option verpflichtet sich, den Basiswert zum Ausübungspreis zu liefern (physische Lieferung), oder die Differenz zwischen dem Bewertungskurs des Basiswerts und dem Ausübungspreis zu zahlen (Barausgleich). *Siehe auch* **Long Call** *und* **Short Call**.

Call Ratio Backspread
Der Call Ratio Backspread ist das Gegenstück zum Call Ratio Spread. Die Kombination besteht aus einem Bear

Spread und einem zusätzlichen Long Call beim höheren Ausübungspreis. Das Profil ist flach bis zum niedrigeren Ausübungspreis, abfallend bis zum höheren, und zuletzt ansteigend. Von dieser Kombination wird Gebrauch gemacht, falls sich der Markt in der Nähe des höheren Ausübungspreises befindet und Anzeichen erhöhter Volatilität oder einer Aufwärtsbewegung bestehen. Der Zeitwertverfall arbeitet beim höheren Ausübungspreis gegen, beim niedrigeren Ausübungspreis für den Optionshalter. *Siehe auch* **Put Ratio Backspread**.

Call Ratio Spread
Der Call Ratio Spread ist ein Bull Spread mit einem zusätzlichen Short Call beim höheren Ausübungspreis. Das Profil ist flach bis zum niedrigeren Ausübungspreis, dann ansteigend bis zum höheren, und zuletzt abfallend. Der zusätzlich verkaufte Call reduziert die Kosten des Bull Call Spreads, zieht aber bei höheren Kursen größere Risiken mit sich. Diese Kombination wird angewandt, falls sich der Markt beim tieferen Ausübungspreis befindet und ein lediglich leichter Anstieg der Kurse erwartet wird. Der Zeitwertverfall arbeitet beim höheren Ausübungspreis für, beim niedrigeren Ausübungspreis gegen den Optionshalter. *Siehe auch* **Put Ratio Spread**.

Call Spread
Kauf eines Call und gleichzeitiger Verkauf eines Call mit höherem Ausübungspreis. Vorteilhaft, falls der Investor an ein beschränktes Aufwärtspotenzial der Kurse glaubt. *Siehe auch* **Bull Spread**.

Call Table Top
Ein Call Table Top hat ein ähnliches Profil wie ein Call Ratio Spread, außer dass die Short Calls verschiedene Ausübungspreise haben. Das Profil weist gegenüber dem Call Ratio Spread eine Abflachung auf. *Auch* **Ladder**.

Charm
Ein Maß für die Änderung von Delta über die Zeit bei gleichbleibenden Kursen.

Chooser Option
Eine Option, bei der der Halter innerhalb einer bestimmten Zeitspanne entscheiden kann, ob die Option ein Call oder ein Put sein soll.

Class Of Options
Siehe **Optionsklassen**.

Clearing
Das Vorgehen, wodurch das Clearing-Haus Käufer gegenüber allen Verkäufern von Kontrakten, und Verkäufer gegenüber allen Käufern wird. Das Clearing schützt Käufer und Verkäufer vor Verlusten und garantiert die finanzielle Integrität aller in den Auftragsbüchern des Clearing-Hauses offen stehenden Kontrakten.

Clearing Haus
Das Clearing Haus dient als gemeinsamer Vertragspartner zwischen Optionskäufer und Optionsverkäufer. Es führt das Clearing aus und garantiert somit die finanzielle Integrität der Vertragspartner und ihrer Kontrakte. *Siehe auch* **Clearing**.

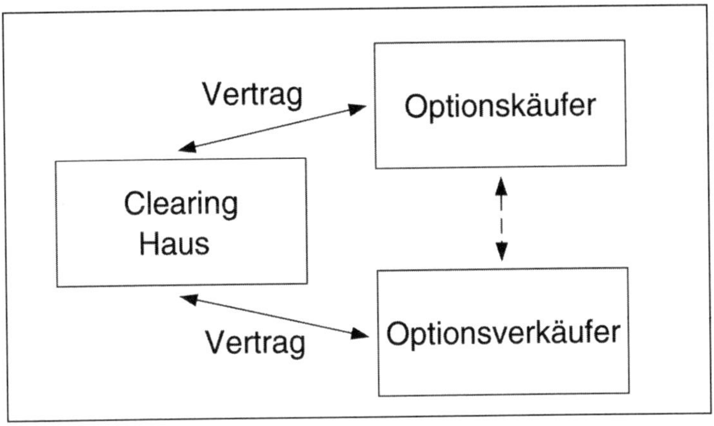

Colour
Ein Maß für die Änderung von Gamma über die Zeit bei gleichbleibenden Kursen.

Combination
Ein Strangle gebildet aus out-of-the-money Optionen. Kauf eines Puts und Kauf eines Calls mit höherem Ausübungspreis, wenn der Basiswert zwischen den beiden Ausübungspreisen liegt. *Siehe auch* **Strangle** *und* **Guts**.

Compound Option
Eine Option auf eine Option.

Condor
Siehe **Long Condor** *und* **Short Condor**.

Contingent Option
Eine Option, bei der die Optionsprämie nur bei der Ausübung fällig wird. Der Schreiber der Option ist zweierlei Risiko ausgesetzt. Zum einen verliert er die Prämienverzinsung und zum anderen muss er damit rechnen, dass die

Option nie zur Ausübung gelangt und er keine Prämie erhält. Durch eine höhere Prämie der Cotingent Option wird dieses Risiko ausgeglichen.

Courtage

Die Spesen, die beim Kauf oder Verkauf von Wertpapieren oder Kontrakten über eine Bank oder einen Broker anfallen. *Auch* **Kommission**.

Covered Option

Eine geschriebene Option wird covered genannt, falls der Schreiber im Besitze des entsprechenden Basiswertes ist. Der Schreiber hat dadurch zusätzliches Profitpotenzial.

Curvature

Siehe **Gamma**.

Day Order

Siehe **börsengültig**.

Delta δ

Ein Maß für die Änderung des Optionspreises (Premium) bei einer Veränderung des Basiswertes um eine Einheit. Delta wird in Geld gemessen oder wird interpretiert als die Wahrscheinlichkeit, mit der die Option bei Verfall in-the-money sein wird. Delta wird mittels Optionspreismodellen und Annahmen bezüglich der Volatilität festgelegt und wird beeinflusst von Änderungen der Volatilität (Vega), Zeit bis zum Verfall (Theta) und Zinsänderungen (Rho). *Siehe auch* **Implizite Volatilität**, **Vega**, **Theta**, **Gamma**, **Rho** *und* **Charm**.

Delta Hedge
Das Hedgen mit Optionen dient zur gezielten Absicherung von Portefeuilles. Die negativen Wertbewegungen werden durch eine geeignete Optionsstrategie (Hedge) wettgemacht. Wenn zum Beispiel Delta 0.2 ist und die Aktie sich um 10 verändert, ändert sich die Option um 2. Fünf Optionen sind also nötig zur Absicherung einer Aktie. Befürchtet der Investor einen Kurszerfall, so schreibt er Calls oder kauft Puts im Verhältnis $^1/_\delta$ zu jeder Aktie in seinem Portefeuille. Es ist eine dynamische Strategie. Das Maß δ ist nur gültig für kleine Änderungen des Basiswertes und ändert sich laufend mit ihm. Eventuell sind dann Anpassungen der Strategie nötig.

Delta Long
Eine Position, die positiv auf einen Kursanstieg im Basiswert reagiert.

Delta Neutral
Eine Position wird Delta Neutral genannt, wenn das Delta $\delta = 0$ ist. Der Wert einer solchen Position ändert sich nicht, falls der Basiswert schwankt und solange die Schwankungen aber verhältnismäßig klein bleiben. *Siehe auch* **Delta Hedge**.

Delta Short
Eine Position, die negativ auf einen Kursanstieg im Basiswert reagiert.

Depot
Die bei einer Bank oder Vermögensverwalter hinterlegten Finanzinstrumente zur Verwaltung von Kauf und Verkauf.

Derivative Finanzinstrumente, Derivate
Finanzinstrumente wie Optionen oder Futures, die von einem anderen Instrument (Basiswert) abgeleitet sind und in irgendeiner Form mit ihm korrelieren. Derivate haben Versicherungscharakter und dienen der Absicherung von Risiken, seien diese Kurs-, Währungs- oder Zinsrisiken.

Diagonal Spread
Eine Kombination von Vertical Spread und Calendar (Horizontal, Time) Spread. Beim Diagonal Spread werden Vertical Spreads mit verschiedenen Verfalldaten eingegangen.

Diagonal Straddle Calendar Spread
Kauf eines Straddles mit kurzer Laufzeit kombiniert mit dem Verkauf eines Straddles mit längerer Laufzeit und unterschiedlichem Ausübungspreis. *Siehe auch* **Straddle Calendar Spread**.

Digital Option
Billigere Form von Option, bei der ein fixer Betrag ausbezahlt wird, falls der Basiswert den Ausübungspreis erreicht. All-Or-Nothing Options und One-Touch Options sind die zwei Ausführungen von Digital Options. *Auch* **Binary Option**. *Siehe auch* **All-Or-Nothing Option** *und* **One-Touch Option**.

Double Barrier Option
Eine Option mit zwei In-Strikes, Out-Strikes oder Triggerpreisen. *Siehe auch* **Barrier Option**.

Double Option
Eine Option, die sowohl als Call als auch als Put ausgeübt werden kann.

Down-And-In Option
Siehe **Barrier Option**.

Down-And-Out Option
Siehe **Barrier Option**.

Entry Price
Der Preis, bei dem eine Optionenposition eingegangen wird. *Siehe auch* **Exit Price**.

european-style Option
Eine european-style Option kann nur am Verfalltag ausgeübt werden. *Siehe auch* **american-style Option**.

Erwartete Volatilität
Siehe **Implizite Volatilität**.

Exercise
Englischer Begriff für Ausübung. *Siehe* **Ausübung**.

Exercising Price, Exercise Price
Siehe **Ausübungspreis**.

Exit Price
Der Preis, bei dem eine Optionenposition geschlossen wird. Die Differenz zwischen Entry Price und Exit Price stellt den Gewinn beziehungsweise Verlust dar.

Exotische Option
Exotische Optionen werden auch als Optionen der zweiten Generation bezeichnet. Es handelt sich um Erweiterungen, Verfeinerungen und Kombinationen herkömmlicher

Optionsstrategien. Exotische Optionen sind zum Beispiel die Average Rate Option, Lookback Option, Contingent Option und Barrier Option. *Siehe auch* **Asiatische Option, Lookback Option, Contingent Option** *und* **Barrier Option**.

Expiration, Verfall
Das Ende der Gültigkeit der mit einer Option verbundenen Rechte und Pflichten.

Expiration Date
Siehe **Verfalldatum**.

Extrinsic Value, Extrinsicher Wert
Zeitwert einer Option. Derjenige Teil des Optionspreises (Premium), welcher nicht intrinsisch ist. *Siehe auch* **Zeitwert** *und* **Innerer Wert**.

Fair Value
Der mit einem mathematischen Modell berechnete gerechte Wert einer Option.

Fill
Die vollständige Ausführung eines Auftrages. *Siehe auch* **Partial Fill**.

Fill-Or-Kill Order
Ein Fill-Or-Kill Order ist ein Limit Order, der vollständig und sofort ausgeführt oder sonst gelöscht wird.

Future
Ein Future ist ein derivatives Finanzinstrument, der den Käufer verpflichtet, eine bestimmte Menge des Basiswer-

tes (Produkt, Währung, Wertpapiere) an einem festgelegten Zeitpunkt zu kaufen, und der den Verkäufer verpflichtet, diese Ware zu liefern. Die Bedingungen (Ausübungspreis, Kontraktgröße, Verfall) sind im Kontrakt spezifiziert. Bei Futures gibt es im Gegensatz zu den Optionen keine Wahlmöglichkeit, sondern es bestehen klare Verpflichtungen für beide Parteien.

Gamma λ

Ein Maß für die Änderung von Delta bei einer Änderung des Basiswertes um eine Einheit. Gamma ist positiv für Long Positionen und negativ für Short Positionen. Es ist immer am größten für at-the-money-Optionen und nimmt ab, je weiter sich der Basiswert vom Ausübungspreis entfernt. Gamma ist größer für Optionen mit kurzer Laufzeit und kleiner für Optionen mit langer Laufzeit. Führt ein Steigen der Kurse zu einem größeren Delta (oder ein Abfall der Kurse zu einem kleineren Delta) spricht man von einer Position mit positivem Gamma. Ein positives Gamma ist vorteilhaft. Ein Zuwachs der Kurse erhöht das Delta der Option und die Position kann re-hedged werden, indem der Basiswert bei diesen höheren Kursen verkauft wird. Umgekehrt vermindert sich das Delta der Option bei fallenden Kursen und die Position kann re-hedged werden, indem der Basiswert bei tieferen Kursen gekauft wird. *Auch* **Curvature**. *Siehe auch* **Colour** *und* **Speed**.

Gamma Hedge

Ein Gamma Hedge ergibt sich dann, wenn die Positionen so kombiniert werden, dass sich die gewichtete Summe aller Deltas der Positionen bei Kursänderungen des Basiswertes nicht ändert.

Gamma Long
Eine Position, deren Delta sich bei einem Kursanstieg des Basiswertes weiter erhöht.

Gamma Neutral
Eine Position mit einem Gamma von Null. Das Delta reagiert also nicht auf Kursschwankungen.

Gamma Short
Eine Position, deren Delta sich bei einem Kursanstieg des Basiswertes weiter verringert.

Gearing
Das Gearing gibt an, um wieviel Prozent der Optionspreis bei einer 1-prozentigen Änderung des Basiswertes steigt oder fällt. Ein Gearing von 5 bedeutet, dass die Option um 5% steigt (fällt), falls der Basiswert um 1% steigt (fällt). *Siehe auch* **Hebel** *und* **Hebelwirkung, Leverage-Effekt**.

Glattstellen
Verkauf oder Kauf einer Position, um diese vorher eingegangene Postion zu schließen.

Guts
Ein Strangle gebildet aus in-the-money-Optionen. Kauf eines Calls und Kauf eines Puts mit höherem Ausübungspreis, so dass der Basiswert zwischen den beiden Ausübungspreisen liegt. *Siehe auch* **Strangle**.

Halter
Eine Person im Besitze von Optionskontrakten.

Haussiers
Marktteilnehmer, die steigende Kurse erwarten. *Siehe auch* **Bulls**.

Hebel
Der Hebel gibt an, um wieviel Prozent der Optionspreis bei einer 1-prozentigen Änderung des Basiswertes steigt oder fällt. *Siehe auch* **Gearing** *und* **Hebelwirkung**, **Leverage-Effekt**.

Hebelwirkung
Die überproportionale prozentuale Veränderung der Gewinne oder Verluste auf Optionskontrakten gegenüber den Veränderungen des entsprechenden Basiswertes. Die Hebelwirkung erlaubt den Tradern, mit geringem Kapital eine im Verhältnis viel größere Position des Basiswertes einzugehen. *Auch* **Leverage-Effekt**. *Siehe auch* **Gearing**, **Hebel**.

Hedge
Die Absicherung von Finanzinstrumenten gegen Verluste oder Risiken in der Zukunft durch Eingehen einer ausgleichenden Position in Optionen, Futures oder anderen Instrumenten. *Siehe auch* **Delta Hedge**.

Hedge Ratio $1/\delta$
Die Hedge Ratio $1/\delta$ ist das Verhältnis von Optionen zu Basiswerten für den Aufbau eines theoretisch risikolosen Portefeuilles. *Siehe auch* **Delta Hedge**.

Historische Volatilität
Volatilität berechnet aus historischen Daten.

Horizontal Spread
Der Verkauf eines Call oder Put und der gleichzeitige Kauf derselben Option mit typischerweise gleichem Ausübungspreis aber längerer Lebensdauer. Das Ziel ist, Nutzen aus dem schnelleren Verfall des Zeitwertes der Short Position im Vergleich zur Long Position mit längerer Lebensdauer. Die Longposition sichert (hedge) das Risiko einer Ausübung ab. *Auch* **Calendar Spread**. *Siehe auch* **Time Spread**.

Immediate-Or-Cancel Order
Ein Auftrag, welcher entweder sofort oder gar nicht ausgeführt werden soll. Solche Aufträge müssen nicht in vollem Umfang ausgeführt werden. *Siehe auch* **Fill-Or-Kill Order**.

Implizites Delta
Delta ausgerechnet aus der impliziten Volatilität anstatt der Annahmen über die Volatilität für das Optionspreismodell. *Auch* **Price Delta**.

Implizite Volatilität
Das erwartete Ausmaß der Kursbewegungen eines Basiswertes aufgrund der aktuellen Optionspreise am Markt. *Auch* **Erwartete Volatilität**.

in-the-money
Eine Call Option ist in-the-money, falls der Basiswert den Ausübungspreis überschritten hat. Umgekehrt ist eine Put Option in-the-money, falls der Basiswert unterhalb des Ausübungspreises liegt. Eine in-the-money-Option besitzt inneren Wert. *Siehe auch* **at-the-money** *und* **out-of-the-money**.

Innerer Wert, Intrinsicher Wert
Der Betrag, um welcher eine in-the-money-Option oberhalb des Ausübungspreises liegt. Der intrinsische Wert ist immer positiv oder null. Ist der Ausübungspreis der Option 100 und der Kurs des entsprechenden Basiswertes 110, ergibt sich ein innerer Wert von 10. Bei einem Kurs von 90 wäre er 0. Der Optionspreis (Premium) besteht aus einem inneren Wert und einem Zeitwert. *Auch* **Parity**.
Siehe auch **in-the-money**.

Intrinsic Value
Siehe **Innerer Wert**.

Index Option
Als Basiswert für eine Index Option dient ein ganzer Korb von Werten, nämlich der Index. Da beim Settlement kein Index geliefert werden kann, findet bei der Ausübung ein Barausgleich statt.

Kappa
Siehe **Vega**.

Knock-In Option
Siehe **Barrier Option**.

Knock-Out Option
Siehe **Barrier Option**.

Kommission
Die für die Ausführung von Aufträgen von der Bank oder vom Broker in Rechnung gestellte Gebühr.

Korrelationskoeffizient
Ein statistisches Maß für den Grad der Korrelation zwischen dem Kurs einer Aktie und dem gesamten Markt. Der Korrelationskoeffizient liegt zwischen 0 (keine Korrelation) und 1 (perfekte Korrelation).

Ladder
Siehe **Table Top**.

Laufzeit, Lebensdauer
Die Zeitspanne, während der der Optionskontrakt Gültigkeit hat.

Leerverkauf
Bei einem Leerverkauf handelt es sich um den Verkauf von Kontrakten. Dabei ist der Verkäufer nicht im Besitz dieser Kontrakte. *Auch* **Short Sell**.

Leverage, Leverage-Effekt
Der Leverage-Effekt meint das überproportionale Ansteigen des Optionspreises gegenüber dem Basiswert. *Siehe auch* **Gearing, Hebelwirkung**.

Lifetime
Siehe **Laufzeit**.

limitieren
Angeben einer Kurs- oder Zeitlimite bei der Auftragserteilung. *Siehe* **Limit Order**.

Limit Option
Auch **Trigger Option**. *Siehe* **Barrier Option**.

Limit Order
Ein Auftrag mit Kurslimite. Bei der Ausführung des Auftrages wird entweder bei der Kurslimite oder unterhalb gekauft, oder bei der Kurslimite oder oberhalb verkauft. Kann ein solcher Auftrag nicht ausgeführt werden, wird er normalerweise zur späteren Ausführung aufgeschoben.

Liquider Markt
Ein Markt, in dem die Teilnehmer beträchtliche Bestände kaufen und verkaufen, ohne dass sich der Markt groß bewegt. Ein Markt, in dem Kaufen und Verkaufen ohne bedeutende Preiskonzessionen möglich ist.

Long
Gegenteil von Short. Beim Kauf von Finanzinstrumenten geht man eine Long Position ein. Hält der Investor mehr Kauf- als Verkaufkontrakte, so ist er long oder geht er 'long'. *Siehe auch* **Short**.

Long Butterfly
Eine Strategie bestehend aus einer größeren Anzahl von Optionen. Es besteht also die Gefahr, dass die Kommissionen die Gewinne erheblich einschränken (Alligator Spread). Die Kombination ist im Grunde genommen ein Short Straddle mit auf beiden Seiten beschränkten Verlusten und besteht aus einem Long Call bei Ausübungspreis A_1, zwei Short Calls bei A_2, und ein Long Call bei A_3, mit $A_1 < A_2 < A_3$ und $A_3 - A_1 = A_2 - A_1$. Die gleiche Strategie ergibt sich bei der Kombination eines Long Put bei A_1, zwei Short Puts bei A_2 und ein Long Put bei A_3.
Das Profil ist flach im Verlustbereich bis A_1, steigend bis A_2, fallend bis A_3 und dann wieder flach im Verlust-

bereich. Der maximale Gewinn entsteht bei A_2 und der maximale Verlust unterhalb A_1 oder oberhalb A_3. *Siehe auch* **Short Butterfly**.

Long Call

Kauf einer Call Option. Der Käufer glaubt an steigende Kurse, er ist also bullish. Wenn der Markt tatsächlich steigt, kann der Halter die Option ausüben, den Basiswert also zum Ausübungspreis kaufen und bei höheren Kursen verkaufen. Fällt der Markt, wird der Verlust der Optionsprämie eingefahren. Der Gewinn ist nach oben unbeschränkt. Die Position gewinnt an Wert bei steigender Volatilität, ist aber dem Zeitwertverfall unterworfen.

Long Condor

Eine Strategie vergleichbar mit Long Butterfly. Anstatt drei gibt es hier vier Ausübungspreise. Der mittlere Bereich des Gewinn/Verlust-Profils ist flach statt spitz. Das Profil ist also flach, steigend, flach, fallend, flach. *Siehe auch* **Long Butterfly**.

Long Put

Kauf einer Put Option. Der Käufer glaubt an fallende Kurse, er ist also bearish. Wenn der Markt tatsächlich fällt, kann der Halter die Option ausüben, den Basiswert also zum tieferen Kurs kaufen und beim höheren Ausübungspreis verkaufen. Steigt der Markt, wird der Verlust der Optionsprämie eingefahren. Der Gewinn ist nach oben unbeschränkt. Die Position gewinnt an Wert bei steigender Volatilität, ist aber dem Zeitwertverfall unterworfen.

Long Straddle
Die Kombination besteht aus einem Long Call und einem Long Put mit gleichem Ausübungspreis. Das Profil bildet ein 'V'. Die Strategie wird angewendet, wenn der Basiswert nahe beim Ausübungspreis der beiden Komponentenoptionen liegt. Eine Bewegung der Kurse oder erhöhte Volatilität wird erwartet. Die Richtung der Bewegung ist aber unbekannt. Gewinne sind bei starken Marktschwankungen unbeschränkt. Die Position wird bei neutralem Delta eingegangen.

Long Strangle
Eine mit Long Straddle vergleichbare Strategie mit zwei statt einem Ausübungspreis. Die Kombination besteht aus einem Long Call bei Ausübungspreis A_1 und einem Long Put bei A_2, wobei $A_1 < A_2$ ist. Bei out-of-the-money-Optionen spricht man von Kombination und bei in-the-money-Optionen von Guts. Das Profil ist zuerst fallend, dann flach im Verlustbereich und zuletzt wieder ansteigend. Long Strangle kann angewendet werden, wenn der Basiswert im Bereich der beiden Ausübungspreise liegt und geringe Volatilität zeigt. Steigt der Basiswert oder wird er volatiler, können entsprechend Gewinne erzielt werden. Stagnieren die Kurse, werden geringere Verluste eingefahren als beim Long Straddle. Gewinne sind bei starken Marktschwankungen nach oben unbeschränkt.

Long Texas Hedge
Eine sehr spekulative Strategie bestehend aus dem Kauf eines Basiswertes und zusätzlichem Long Call auf denselben Basiswert.

Lookback Option

Eine Option, die dem Halter das Recht gibt, während der Laufzeit der Option den Basiswert beim tiefsten Kurs zu kaufen (Call) oder beim höchsten Kurs zu verkaufen (Put). Lookback Optionen bieten die Möglichkeit, bei den besten Kursen zu handeln. Normale Optionen werden an einem bestimmten Zeitpunkt ausgeübt und potenzielle Gewinne könnten verpasst werden. Lookback Optionen sind wesentlich teurer und nur eine entsprechende Volatilität rechtfertigt die hohen Kosten.

Mae West

Eine komplexe Strategie, die ein umgekehrtes 'W'-Profil aufzeigt.

Marge

Bei Geschäften mit derivativen Finanzinstrumenten muss zuweilen als Garantie für die Erfüllung der Pflichten der beiden Vertragspartner ein bestimmter Geldbetrag bei der Bank oder beim Broker hinterlegt werden .

Market Maker

Market Maker sind in der Regel Börsenmitglieder, die sich verpflichtet haben, sich im Markt zu geringeren Transaktionskosten zu engagieren. Im Gegenzug sorgen Market Maker dafür, dass auf dem Markt ständig Kauf- und Ver-0kaufskurse für bestimmte Optionsklassen mit bestimmten Preisunterschieden (Spread) gestellt werden.

Market Order

Ein Auftrag zum Kauf oder Verkauf von Kontrakten ohne Kurslimite. *Siehe auch* **bestens**.

Mexican Hat
Eine aufgeputschte Version des Butterfly.

Matching
Das Zusammenführen von passenden gegengleichen Aufträgen (Käufer und Verkäufer) während des Handels. Das Matching wird bei modernen Handelssystemen elektronisch durchgeführt.

Naked Option
Siehe **Uncovered Option**.

Neutral Spread
Eine Position mit neutralem Delta oder auch eine gleiche Anzahl Long-Kontrakte wie Short-Kontrakte.

Normal Order
Ein Auftrag zum Kauf oder Verkauf von Kontrakten.

Offset
Die Liquidation einer Long- oder Short-Position durch eine entgegengesetzte Transaktion. Der Verkauf ist der Offset der Long-Position; der Kauf ist der Offset der Short-Position.

Omega
Siehe **Vega**.

One-Cancels-The-Other Order
Ein Auftrag, bei dem zwei alternative Aufträge zur Ausführung bereit stehen. Sobald ein Auftrag von den beiden ausgeführt ist, wird der andere gelöscht. Ein solcher Order wird zum Beispiel gebraucht für den Verkauf einer Posi-

tion bei einem bestimmten Gewinn oder Verkauf bei einem beschränkten Verlust.

One-Touch Option
Eine Digital Option, bei der ein fixer Betrag ausbezahlt wird, falls während der Zeit bis zum Verfall der Basiswert den Ausübungspreis erreicht. *Siehe auch* **Digital Option**.

On-Stop Order, Stop Loss Order
Ein On-Stop oder Stop Loss Order erlaubt dem Investor, untere Limite festzusetzen, bei deren Unterschreitung dann der Auftrag in ein Market Order umgewandelt wird.

Option
Die Option ist ein rechtlich verbindlicher Kontrakt, welcher dem Halter das Recht zum Kauf oder zum Verkauf eines Gutes oder Wertpapieres bei einem vordefinierten Ausübungspreis gibt (Basiswert). Der Schreiber einer Option hat die Pflicht, den Optionskontrakt zu erfüllen, also die Güter oder Wertpapiere zum vordefinierten Ausübungspreis zu liefern oder zu kaufen, wenn der Halter die Option ausübt. Als Gegenleistung erhält der Schreiber vom Käufer eine Prämie.

Optionsklassen
Optionskontrakte derselben Art (Call oder Put) und Stil (american-, european-style) auf denselben Basiswert. *Auch* **Class Of Options**.

Option Spread
Der gleichzeitige Kauf und Verkauf eines oder mehrerer Optionskontrakte.

Optionspreis
Der Preis für das Erwerben der Optionsrechte. *Auch* **Premium, Prämie**.

Optionsstrategie
Optionen können als Bausteine für Strategien verwendet werden. Je nach Sicht des Investors und Marktlage kann eine Strategie zum Hedgen oder zur reinen Spekulation formuliert werden. *Siehe auch* **Long Call, Long Put, Long Straddle, Short Straddle, Long Strangle, Short Strangle, Long Butterfly, Short Butterfly, Long Condor, Short Condor, Call Ratio Spread, Put Ratio Spread, Call Ratio Backspread, Put Ratio Backspread, Call Table Top, Put Table Top, Combination, Guts, Mexican Hat, Mae West, Long Texas Hedge, Short Texas Hedge**.

Ordre Lié
Bei einem Ordre Lié geht der Investor erst ein neues Geschäft ein, wenn ein anderer Auftrag ausgeführt worden ist.

OTC
Siehe **Over-The-Counter**.

out-of-the-money
Eine Call Option ist out-of-the-money, wenn der Basiswert den Ausübungspreis unterschritten hat. Umgekehrt ist eine Put Option out-of-the-money, wenn der Basiswert oberhalb des Ausübungspreises liegt. Eine out-of-the-money-Option besitzt keinen inneren Wert. *Siehe auch* **at-the-money** *und* **in-the-money**.

Over-And-Out Option
Siehe **Up-And-Out Option** *unter* **Barrier Option**.

Overbought
Bezeichnung für einen überkauften Markt. Die Kurse sind sehr schnell in die Höhe geschossen und es ist daher mit einer Korrektur nach unten zu rechnen. *Siehe auch* **Oversold**.

Overpriced
Ein Finanzinstrument, das über seinem theoretischen Wert gehandelt wird.

Oversold
Bezeichnung für einen überverkauften Markt. Die Kurse sind sehr schnell nach unten gedrückt worden und es ist daher mit einer Korrektur nach oben zu rechnen. *Siehe auch* **Overbought**.

Over-The-Counter, OTC
OTC heißt, der Handel findet nicht an einer Börse, sondern direkt zwischen den beteiligten Pateien bilateral statt.

Paper Profit
Der Profit, der gemacht würde, falls die offen stehenden Kontrakte liquidiert würden.

Parity
Ein anderer Begriff für innerer Wert. *Siehe auch* **Innerer Wert**.

Partial Fill
Ein Auftrag, der nur zu einem Teil ausgeführt wurde. *Siehe auch* **Fill**.

Participating Option
Eine Option, bei der der Käufer auf einen Prozentsatz des Gewinns verzichtet als Gegenleistung für eine niedrigere Prämie.

Pfadabhängige Option
Bei pfadabhängigen Optionen ist nicht nur der Marktwert des Basiswertes im Zeitpunkt des Verfalls oder der Ausübung entscheidend, sondern der Marktwert wird von der Entwicklung (Pfad) des Basiswertes während der Laufzeit der Option beeinflusst. *Siehe auch* **Asiatische Option, Atlantic Option, Barrier Option Lookback Option**.

Physische Lieferung
Der Transfer des Basiswertes in das Depot des Käufers nach der Ausübung einer Option.

Pop-Up Option
Siehe **Up-And-In Option** *unter* **Barrier Option**.

Portefeuille
Die Gesamtheit aller Wertpapiere und Kontrakte eines Investors.

Position
Ein Engagement im Markt. Käufer gehen Long-Positionen und Verkäufer Short-Positionen ein.

Premium, Prämie
Siehe **Optionspreis**.

Price Delta
Siehe **Implizites Delta**.

Price Limit Order
Ein Auftrag mit Kurslimite. *Siehe* **Limit Order**.

Put, Put Option
Ein Optionskontrakt, der dem Käufer das Recht gibt, aber nicht die Pflich auferlegt, an oder bis zu einem bestimmten Datum eine bestimmte Anzahl der zugrundeliegenden Basiswerte zu einem im Voraus bestimmten Ausübungspreis zu verkaufen. Der Verkäufer (Schreiber, Stillhalter) der Option verpflichtet sich, den Basiswert zum Ausübungspreis zu übernehmen (physische Lieferung), oder die Differenz zwischen dem Bewertungskurs des Basiswertes und dem Ausübungspreis zu zahlen (Barausgleich). *Siehe auch* **Long Put** *und* **Short Put**.

Put Call Ratio
Die Put Call Ratio ist das Verhältnis der gehandelten Puts zu den gehandelten Calls. In der Regel sind die Anleger pessimistischer in ihren Erwartungen, je größer die Put Call Ratio ist,

Put Ratio Backspread
Der Put Ratio Backspread ist das Gegenstück zum Put Ratio Spread. Die Kombination besteht aus einem Bull Spread und einem zusätzlichen Long Put mit niedrigerem Ausübungspreis. Das Profil ist fallend bis zum niedrigeren Aus-

übungspreis, ansteigend bis zum höheren, und zuletzt flach. Die Position wird üblicherweise eingegangen, wenn sich der Markt in der Nähe des niedrigeren Ausübungspreises befindet und Anzeichen verringerter Volatilität oder einer Abwärtsbewegung der Kurse bestehen. Der Zeitwertverfall arbeitet beim höheren Ausübungspreis für, beim niedrigeren Ausübungspreis gegen den Optionshalter.

Put Ratio Spread
Der Put Ratio Spread ist ein Bear Spread mit einem zusätzlichen Short Put mit niedrigerem Ausübunspreis. Das Profil ist ansteigend bis zum niedrigeren Ausübungspreis, dann fallend bis zum höheren, und zuletzt flach. Der zusätzlich verkaufte Put reduziert die Kosten des Bull Spread, zieht aber bei niedrigeren Kursen größere Risiken mit sich. Diese Kombination wird angewendet, falls sich der Basiswert in der Nähe des höheren Ausübungspreises befindet und ein lediglich leichter Abfall der Kurse erwartet wird. Der Zeitwertverfall arbeitet beim höheren Ausübungspreis gegen, beim niedrigeren Ausübungspreis für den Optionshalter.

Put Spread
Kauf eines Put und gleichzeitger Verkauf eines Put mit niedrigerem Ausübungspreis. Vorteilhaft, falls der Investor an ein beschränktes Abwärtspotenzial glaubt. *Siehe auch* **Bear Spread**.

Put Table Top
Ähnlich wie beim Put Ratio Spread, außer, dass die Short Puts verschiedene Ausübungspreise haben. Das Profil weist gegenüber dem Put Ratio Spread eine Abflachung auf. *Auch* **Ladder**.

Rally
Eine Aufwärtsbewegung der Kurse nach einem Abfall. *Auch* **Recovery**.

Range
Die Preisspanne während eines Tages, Monats, Jahres, etc.

Range Option
Auch **Double Barrier Option**. *Siehe unter* **Double Barrier Option** *unter* **Barrier Option**.

Ratio
Das Bezugsverhältnis zwischen Optionen und Basiswert. Die Anzahl Optionen, die nötig sind für den Bezug des entsprechenden Basiswertes zum Ausübungspreis.

Ratio Spread
Spread, bei dem der Kauf einer in-the-money-Option finanziert wird vom Verkauf einer größeren Anzahl out-of-the-money-Optionen. Ratio Spreads können risikoreich sein, wenn der Basiswert zunehmend volatiler wird. *Siehe auch* **Call Ratio Spread, Call Ratio Backspread, Put Ratio Spread** *und* **Put Ratio Backspread**.

Recovery
Siehe **Rally**.

Rho
Rho ist ein Maß für die Sensitivität von Optionen bezüglich Zinssätzen. Die mit dem Halten von Basiswerten verbundenen Kapitalkosten sind proportional zum Marktzinssatz. Ein hoher Zinssatz für festverzinsliche kurzfristige Inves-

titionen bedeutet ein hoher Preis für Calls und ein entsprechend tiefer Preis für Puts. Rho beeinflusst den zukünftigen Optionspreis und den Zeitwert der Prämie.

Roll-Over
Roll-Over bezeichnet das Verschieben einer Optionsposition auf einen späteren Verfalltermin. Die gehaltene Position wird glattgestellt, dafür wird bei gleichen Ausübungspreisen aber späteren Verfalldaten eine identische eingegangen.

Round Lot Sizes
Aufträge, die genau den Abschlusseinheiten für einen Börsenkurs oder einem Mehrfachen davon entsprechen.

Schreiber
Verkäufer von Optionskontrakten. *Auch* **Writer**.

Settlement, Settlement Price
Der Settlement Price ist zu verstehen als der Preis, der für das Erfüllen der Verpflichtung einer Option angewendet wird. *Siehe auch* **Assignment**.

Short
Gegenteil von Long. Beim Verkauf von Finanzinstrumenten, die man beim Vetragsabschluss nicht besitzt, geht man eine Short Position ein. Hält der Investor mehr Verkauf- als Kaufkontrakte, ist oder geht er 'short'. *Siehe auch* **Long**.

Short Butterfly
Eine Strategie bestehend aus einer größeren Anzahl von

Optionen. Es besteht also die Gefahr, dass die Kommissionen die Gewinne erheblich einschränken (Alligator Spread). Die Kombination ist im Grunde genommen ein Long Straddle mit auf beiden Seiten beschränkten Gewinnen und besteht aus einem Short Call bei Ausübungspreis A_1, zwei Long Calls bei A_2, und ein Short Call bei A_3, mit $A_1 < A_2 < A_3$ und $A_3 - A_2 = A_2 - A_1$. Die gleiche Strategie ergibt sich bei der Kombination eines Short Put bei A_1, zwei Long Puts bei A_2 und ein Short Put bei A_3. Andere Zusammensetzungen sind ein Short Put bei A_1, ein Long Put bei A_2, ein Long Call bei A_2 und ein Short Call bei A_3, oder, ein Short Call bei A_1, ein Long Call bei A_2, ein Long Put bei A_2 und ein Short Put bei A_3. Das Profil ist flach im Gewinnbereich bis A_1, fallend bis A_2, ansteigend bis A_3 und dann wieder flach im Gewinnbereich. Der maximale Verlust entsteht bei A_2 und der maximale Gewinn unterhalb A_1 oder oberhalb A_3. *Siehe auch* **Long Butterfly**.

Short Call

Verkauf einer Call Option. Der Verkäufer (Schreiber) glaubt an fallende Kurse, er ist also bearish. Wenn der Markt tatsächlich fällt, kassiert der Schreiber die Prämie, weil der Halter die Option nicht ausübt. Steigt der Markt, kann der Halter die Option ausüben und der Schreiber muss den Basiswert zum Ausübungspreis liefern, worauf der Halter bei höherem Kurs verkauft. Der Verlust ist nach oben unbeschränkt. Die Position verliert an Wert bei steigender Volatilität, der Zeitwertverfall arbeitet aber für den Schreiber.

Short Condor

Eine Strategie vergleichbar mit Short Butterfly. Anstatt

drei gibt es hier vier Ausübungspreise. Der mittlere Bereich des Gewinn/Verlust-Profils ist flach statt spitz. Das Profil ist also flach, fallend, flach, steigend, flach. *Siehe auch* **Short Butterfly**.

Short Put
Verkauf einer Put Option. Der Verkäufer glaubt an steigende Kurse, er ist also bullish. Wenn der Markt tatsächlich steigt, kassiert der Schreiber die Prämie. Fällt der Markt, so kann der Halter die Option ausüben und der Schreiber muss den Basiswert zum höheren Ausübungspreis kaufen. Der Verlust ist nach oben unbeschränkt. Die Position gewinnt an Wert bei steigender Volatilität, ist aber dem Zeitwertverfall unterworfen.

Short Sell
Siehe **Leerverkauf**.

Short Straddle
Die Kombination besteht aus einem Short Call und einem Short Put mit gleichem Ausübungspreis. Das Profil bildet ein invertiertes 'V'. Die Strategie wird angewendet, wenn der Basiswert nahe beim Ausübungspreis der beiden Komponentenoptionen liegt. Eine Stagnation der Kurse oder niedrigere Volatilität wird erwartet. Verluste sind bei starken Marktschwankungen nach unten unbeschränkt. Wie bei einem Long Straddle wird die Position bei neutralem Delta eingegangen. Die Position muss ständig überwacht und angepasst werden, falls der Markt sich vom Ausübungspreis wegbewegt.

Short Strangle

Eine mit Short Straddle vergleichbare aber eine mit geringerem Risiko behaftete Strategie mit zwei statt einem Ausübungspreis. Die Kombination besteht aus einem Short Put bei Ausübungspreis A_1 und einem Short Call bei A_2, wobei $A_1 < A_2$ ist. Bei out-of-the-money-Optionen spricht man von Combination und bei in-the-money-Optionen von Guts. Das Profil ist zuerst steigend, dann flach im Gewinnbereich und zuletzt fallend. Short Strangle kann angewendet werden, wenn der Basiswert im Bereich der beiden Ausübungspreise liegt und dessen Volatilität geringer wird. Stagniert der Basiswert oder nimmt die Volatilität ab, können die Prämien als Gewinn kassiert werden. Schwanken die Kurse stark, werden geringere Verluste eingefahren als beim Short Straddle, sie sind aber nach oben unbeschränkt.

Short Texas Hedge

Eine sehr spekulative Kombination aus dem Leerverkauf eines Basiswertes und zusätzlichem Long Put auf denselben Basiswert.

Sigma

Siehe **Vega**.

Speed

Ein Maß für die Änderung von Gamma bezüglich einer Änderung des Basiswertes.

Split Execution

Eine Transaktion, die mehr als eine Gegenpartei benötigt, damit das große Volumen des Auftrages gematcht werden kann.

Spread[1]
Der Kauf und Verkauf einer Serie von Optionen. *Siehe auch* **Horizontal Spread, Vertical Spread** *und* **Diagonal Spread**.

Spread[2]
Preisunterschied zwischen Angebot und Nachfrage.

Stillhalter
Der Stillhalter schreibt Optionen, d. h. er bietet sie zum Verkauf an. Seine Optionen sind „gedeckt" (covered), da er im Besitze der zugrundeliegenden Basiswerte ist.

Stop Levels
Kurslevels, bei denen Aufträge limitiert worden sind, entweder um Profite einer gegebenen Position zu realisieren oder Verluste einzudämmen.

Stop Limit Order
Variation eines Stop Order, bei dem der Auftrag bei einem festgelegten Kurs oder besser ausgeführt werden muss. Kann der Auftrag nicht ausgeführt werden, wird er solange zurückgehalten, bis der festgelegte Kurs erreicht wird. *Siehe* **Stop Order**.

Stop Order
Ein Auftrag zum Kauf oder Verkauf, der zu einem Market Order wird, falls der Markt einen bestimmten Kurs (Stop Price) erreicht. Ein Stop Order zum Kauf wird ein Market Order, falls das Finanzinstrument zum oder über dem Stop Price nachgefragt wird. Ein Stop Order zum Verkauf wird ein Market Order, falls das Finanzinstrument zum oder unter dem Stop Price angeboten wird.

Stop Loss Order
Ein Kauf- oder Verkaufauftrag, der nur ausgeführt werden kann, falls der Kurs ein vorher festgelegtes Niveau erreicht. Sobald der festgelegte Kurs erreicht, unter- oder überschritten wird, verwandelt sich der Stop Loss Order in ein Market Order. Ein solcher Order ist vorteilhaft für einen Investor, der seine Position liquidieren will, sobald der Markt in die aus seiner Sicht entgegengesetzte Richtung geht.

Straddle
Gleichzeitiger Kauf oder Verkauf eines Call und eines Put mit gleichen Ausübungspreisen. *Siehe auch* **Long Straddle** *und* **Short Straddle**.

Straddle Calendar Spread
Verkauf eines Straddle mit kurzer Laufzeit und Kauf eines Straddle mit längerer Laufzeit mit gleichem Ausübungspreis. Die Strategie wird aus denselben Gründen angewendet wie beim Time Spread. *Siehe auch* **Diagonal Straddle, Horizontal Spread, Time Spread**.

Strangle
Kauf oder Verkauf eines Call und eines Put mit verschiedenen Ausübungspreisen. *Siehe auch* **Long Strangle** *und* **Short Strangle**.

Strap
Ein asymmetrischer Straddle. Ein Strap beinhaltet zwei Long (Short) Calls und einen Long (Short) Put mit gleichen Ausübungspreisen und Verfalldaten. *Siehe auch* **Strip**.

Strike Price, Striking Price
Siehe **Ausübungspreis**.

Strip
Ein asymmetrischer Straddle. Ein Strip beinhaltet einen Long (Short) Call und zwei Long (Short) Puts mit gleichen Ausübungspreisen und Verfalldaten. *Siehe auch* **Strap**.

Systematisches Risiko
Das systematische Risiko hängt ab von Faktoren, die den Markt als Gesamtheit beeinflussen. Es kann nicht durch Hedgen oder Diversifikation minimiert oder eliminiert werden. *Siehe auch* **Unsystematisches Risiko**.

Table Top, Ladder
Eine zu Ratio Spread vergleichbare Strategie, außer, dass die Short Optionen zwei verschiedene Ausübungspreise haben. Die Profile von Call Table Top und Put Table Top weisen dementsprechend gegenüber Call Ratio Spread und Put Ratio Spread eine Abflachung auf.

Texas Hedge
Eine Kombination, bestehend aus dem Kauf eines Basiswertes und zugehörigen Long Calls, oder, bestehend aus dem Leerverkauf eines Basiswertes und zugehörigen Long Put. Es ist kein Hedge an sich.

Theoretical Edge
Der Preisunterschied zwischen dem theoretischen Preis einer Optionsposition oder Strategie und dem tatsächlichen Marktpreis. Eine positive Theoretical Edge besagt, dass die Position billig ist, falls sie gekauft wird, und teuer,

falls sie verkauft wird. Eine negative Theoretical Edge meint das Gegenteil.

Theta
Ein Maß für die Änderung des theoretischen Preises einer Option bezüglich der Änderung seiner Lebensdauer. Die Rate, mit der eine Long Position mit Verstreichen der Zeit an Wert verliert. Die täglichen Kosten für das Halten einer Long Position oder der tägliche Profit für das Halten einer Short Position. Theta ist entweder in Geld pro Tag oder in Prozent des Optionspreises angegeben. Theta weist eine nicht-lineare Kennlinie auf und ist größer, je näher die Option am Verfalltag ist. Je weiter der Kurs des Basiswertes vom Ausübungspreis, desto kleiner der Einfluss von Theta auf den Optionspreis. Negatives Theta ist im Allgemeinen assoziiert mit negativem Gamma und umgekehrt.

Time Order, Time Limit Order
Ein Auftrag mit einer festgelegten Gültigkeitsdauer.

Time Spread
Eine Strategie, die sich einen Profit aus der nicht-linearen Abnahme des Zeitwertes einer Option verspricht. Der Zeitwert verfällt schneller, je kürzer die verbliebene Laufzeit ist. Die Strategie shortet also einen kurzfristigen Kontrakt und geht long auf einen längerfristigen equivalenten Kontrakt. Ein 3-Monate Short Call mit Ausübunspreis 100 wird zum Beispiel verkauft und mit einem 6-Monate Long Call mit demselben Ausübungspreis gedeckt. Drei Monate später läuft die Short Position ab und die Long Position kann geschlossen werden. Der Profit der Short Position (Prämie) kann um den Verlust der längerfristigen Long Position ver-

mindert werden. Würde der Call ausgeübt werden, würde die Long Position Deckung bieten. Der Halter eines Time Spreads will, dass der Markt ruhig bleibt, und demnach vom schnelleren Zeitwertverfall der Short Position gegenüber der Long Position profitieren.

Trader
Marktteilnehmer, der darauf ausgerichtet ist, mit derivativen Finanzinstrumenten Profite aus dem Markt zu schlagen. Er geht Positionen ungedeckt (uncovered) ein, d.h. er ist nicht im Besitze der entsprechenden Basiswerte.

Trigger Option
Auch **Limit Option** *Siehe* **Barrier Option**.

Two By One Ratio Call (Put) Spread
Siehe **Call (Put) Ratio Backspread**.

Underlying
Siehe **Basiswert**.

Uncovered Option
Ungedeckte Option. Der Verkäufer (Schreiber) der Option ist nicht im Besitz der entsprechenden Basiswerte.

Unsystematisches Risiko
Das unsystematische Risiko hängt von Faktoren ab, die lediglich einen einzelnen Basiswert beeinflussen. Es kann durch Hedgen oder Diversifikation minimiert werden. *Siehe auch* **Systematisches Risiko**.

Up-And-In Option
Siehe **Barrier Option**.

Up-And-Out Option
Siehe **Barrier Option**.

Vanishing Option
Siehe **Down-And-Out Option** *unter* **Barrier Option**.

Vega
Ein Maß für die Änderung des theoretischen Optionspreises bezüglich Änderungen in der Volatilität des Basiswertes. Vega ist üblicherweise in Prozenten angegeben. Vega ist maximal, wenn die Option at-the-money ist, und nimmt ab, je weiter sich der Basiswert vom Ausübungspreis entfernt. Optionen näher bei Verfall haben ein kleineres Vega als solche mit längerer Laufzeit. Positionen mit positivem Vega werden im Allgemeinen mit positivem Gamma und positivem Theta assoziiert. *Auch* **Sigma, Zeta**.

Vendre
Verkaufen. Der französische Begriff wird gebraucht, um Verwechslungen mit dem deutschen Wort 'kaufen' zu vermeiden. *Siehe auch* **Acheter**.

Verfalldatum, Verfalltermin
Der letzte Tag, an dem eine Option ausgeübt werden kann.

Vertical Spread
Kauf und Verkauf von Calls oder Puts mit gleichem Verfalldatum aber ungleichem Ausübungspreis.

Volatilität
Ein Maß für die Variabilitätsrate (nicht aber die Richtung) von Preisen über eine bestimmte Zeitspanne. Oft wird sie in Prozent angegeben und berechnet als die annualisierte Standardabweichung der prozentualen Änderung der täglichen Preisschwankungen oder als die annualisierte Standardabweichung des natürlichen Logarithmus des Verhältnisses zweier aufeinanderfolgerder Preise. Je volatiler der Optionspreis, desto größer der Zeitwert. *Siehe auch* **Historische Volatilität, Implizite Volatilität**.

Volatility Surface
Dreidimensionale Darstellung der impliziten Volatilität einer Option, gegenüber Ausübungspreis und Zeit.

Volatility Trading
Optionen mit niedriger (hoher) Volatilität sind verhältnismäßig billig (teuer). Trader kaufen und verkaufen Volatilität, indem sie Optionen kaufen und verkaufen und das Risiko mit Delta Hedge absichern. Die totale Volatilitätsaussetzung einer Position berechnet sich aus dem gewichteten Mittel von Vega. Eine Position mit positivem (negativem) Vega wird eingenommen, wenn steigende (fallende) Volatilität erwartet wird. Die klassischen Volatility Trades sind Straddles und Strangles, eingenommen bei neutralem Delta.

Volumen
Die Anzahl ausgeführter Kontrakte in einer bestimmten Zeitspanne. Trader A verkauft einen Kontrakt und Trader B kauft einen Kontrakt; das Volumen ist 1, obwohl zwei Positionen geöffnet wurden. Das Volumen gibt Aufschluss über die Liquidität des Marktes.

Warrant
Siehe **Option**.

Writer
Siehe **Schreiber**.

Yield
Das Maß für die jährliche Rendite einer Investition.

Zeitwert
Der Optionspreis ist die Summe von Zeitwert und innerem Wert. Der Zeitwert ist derjenige Betrag, der ein Optionenkäufer bereit ist, im Voraus zu bezahlen, in Anbetracht der Möglichkeit einer zukünftigen Änderung des Basiswertes und damit einer Zunahme des Wertes der Option. *Auch* **ExtrinsicValue, Extrinsischer Wert**.

Zeitwertverfall
Die Abnahme des Wertes einer Long-Position aufgrund des Verstreichens der Zeit und damit reduzierten Chancen einer erfolgreichen Ausübung. Der Zeitwertverfall wird mathematisch mit Theta gemessen und ist nicht-linear und schneller je näher am Verfalldatum. Bei einer Long-Position arbeitet der Zeitwertverfall gegen, bei einer Short Position für den Halter.

Zeta
Siehe **Vega**.

Literaturhinweise

Der Vollständigkeit halber sei hier für die interessierten Leser weiterführende Literatur angegeben.

Eine umfassende Einführung in die Welt der derivativen Finanzinstrumente sowie auch eine mathematische Abhandlung der Modelle bieten die zwei exzellenten Bücher von John C. Hull: *Introduction to Futures and Options Markets*, Prentice Hall, 1998 und *Options, Futures and other Derivatives*, Prentice Hall, 1997.

Ein ähnliches kompaktes und lesenswertes Werk ist *Options, Futures and Exotic Derivatives - Theory, Application and Practice*, von Eric Briys, John Wiley, 1998.

Ein weiteres nützliches und umfangreiches Nachschlagewerk für Börsenbegriffe ist *Das kleine Börsen-Lexikon*, von Hans E. Büschgen, Wirtschaft und Finanzen 1998.

Nützliche Internet Adressen

FinanzBuch Verlag GmbH – **www.finanzverlag.com**
Trading-, Investment- und Witschaftsbücher auf Deutsch.

Traders' Library – **www.traderslibrary.com**
Trading-, Investmentbücher und andere Ressourcen auf Englisch.

CBOE – **www.cboe.com**
Chicago Board Options Exchange. Quotes, tägliche Marktstatistiken und extensive Archive und Ressourcen über Optionen.

EUREX – **www.eurexchange.com**
Europäischer Derivatenmarkt. Tägliche Statistiken über den europäischen Derivatenmarkt.